Susanne Kondziolka-Bloch

Relaxt versichern

SUSANNE KONDZIOLKA-BLOCH

Relaxt VERSICHERN

Wie du deine Versicherungen endlich aufräumst und für deine Familie optimal vorsorgst

GOLDEGG

Rechte Umschlaggestaltung: Kathrin Steigerwald, Hamburg
Umschlag Bildrechte: Adobe Stock/mabaci
Rechte Autorinnenfoto: Dagmar Braun
Stockfotos: Regenschirme © iStockPhoto/DivVector;
Personen auf den Seiten 10, 16, 190 und 244 © iStockPhoto/cherstva;
Personen Seite 35 © iStockPhoto/Tanya St

Der Verlag und seine Autor:innen sind für Reaktionen, Hinweise oder Meinungen dankbar. Bitte wenden Sie sich diesbezüglich an verlag@goldegg-verlag.com.

Der Goldegg Verlag achtet bei seinen Büchern und Magazinen auf nachhaltiges Produzieren. Goldegg-Bücher sind umweltfreundlich produziert und orientieren sich in Materialien, Herstellungsorten, Arbeitsbedingungen und Produktionsformen an den Bedürfnissen von Gesellschaft und Umwelt.

ISBN: 978-3-99060-462-5

Unter den Linden 21 • D-10117 Berlin
Telefon: +49 800 505 43 76-0

Goldegg Verlag GmbH, Österreich
Mommsengasse 4/2 • A-1040 Wien
Telefon: +43 1 505 43 76-0

E-Mail: office@goldegg-verlag.com
www.goldegg-verlag.com

Layout, Satz und Herstellung: Goldegg Verlag GmbH, Wien
Printed in the EU

Inhaltsverzeichnis

Gastvorwort von Michaela Welfring 7

Vorwort 10

Persönliches & dein Polizzen-Check 16
Warum ich tue, was ich tue 17
Versicherungen und ihre Kunden – Eine Beziehung mit Hindernissen 23
Deine drei Schritte zum Polizzen-Check – Wir legen gemeinsam los! 25

Fachkunde - Die Versicherungsspeisekarte 35
Haus & Wohnen 36
Die Haushaltversicherung (in Deutschland: Hausratversicherung) 37
Die Eigenheimversicherung 58
Auto & Mobilität 76
Die Kfz-Haftpflichtversicherung 80
Die Kfz-Vollkaskoversicherung (Kollisionskasko) 84
Die Kfz-Teilkaskoversicherung (Elementarkasko) 88
Motorbezogene Versicherungssteuer 90
Das österreichische Bonus-Malus-System 91
Normverbrauchsabgabe (NoVA) 94
Wechselkennzeichen 94
Jugendliche und ältere Fahrer 94
Assistance-Produkte vs. Automobilclub-Mitgliedschaften 95
Serviceleistungen im Schadenfall 96
Recht & Sicherheit 96
Die Rechtsschutzversicherung 98
Die Privathaftpflichtversicherung 110

Freizeit & Gesundheit 122
Die private Unfallversicherung 124
Die private Krankenzusatzversicherung 138
Wenn das Leben anders läuft – Dein Plan B 163
Die Ablebensversicherung 164
Die Berufsunfähigkeitsversicherung (BU-Versicherung) 169
Die Erwerbsunfähigkeitsversicherung (EU-Versicherung) 175
Die Grundfähigkeitsversicherung 176
Welche Versicherungen gibt es sonst noch? 177
Die Tierversicherung 177
Die Reiseversicherung 180
Die Fahrradversicherung 182
Unnötige Versicherungen 183
Die Handy-, Tablet- und Laptop-Versicherung 184
Die Insassenunfallversicherung 185
Die Reisegepäckversicherung 187
Die Taggeldversicherung 188
Die Assistance-Versicherungen 188

Versicherungen in der Praxis 190
Welche Versicherungen brauchst du wann? 191
Wenn Kinder erwachsen werden 199

Deine Versicherungsbetreuung 205
Welche Versicherungsbetreuerin passt am besten zu dir? 206
So findest du deine perfekte Versicherungsbetreuung ... 218
Diese fünf Fragen solltest du deinem Versicherungsbetreuer stellen 223
Faule Verkaufstricks der Versicherungsbranche 230
Versicherung auf einen Klick – Das Internet als Versicherungsberater? 235
Wie geht's weiter? – Allein oder begleitet? 241

Schlusswort 244

Gastvorwort von Michaela Welfring

Versicherungen sind ein Thema, das mich als Mama von fünf Kindern im Alter von vier bis zwanzig Jahren und Ehefrau eines Mannes mit Handicap Tag für Tag begleitet. Es beginnt im Alltag mit drei kleinen, wunderbaren, aber auch sehr lebhaften Jungs, bei denen schon einmal das eine oder andere Teil zu Bruch gehen kann. Ich erinnere mich mit Schrecken an Situationen, in denen unser ältester Sohn als Dreijähriger inmitten eines Scherbenhaufens im Wohnzimmer stand, weil er durch die Glasscheibe des Vitrinenschranks gesprungen war. Körperlich war er zum Glück unversehrt geblieben, der Schaden wurde von der Versicherung übernommen. Zurück blieb ein kleiner Schockmoment für uns beide.

Dieser Vorfall damals hat uns dazu bewogen, über eine Gesundheitsvorsorge für die Kinder nachzudenken bzw. eine solche auch abzuschließen. Potenzielle Krankenhausaufenthalte, diverse Impfungen, anstehende Logopädie-Therapien und/oder der Gang zum privaten Kinderarzt, die Liste ist lang und beliebig fortzusetzen. Dank ausreichenden Versicherungsschutzes blicke ich der Zukunft in diesem Punkt jedoch völlig entspannt entgegen.

Gesundheitsvorsorge ist im Übrigen auch für größere Kinder empfehlenswert. Unsere älteste Tochter hat vor drei Jahren an ihrem Gymnasium die erste große Liebe gefunden.

Prinzipiell eine wunderbare und schöne Sache, allerdings handelt es sich bei dem jungen Mann um einen mexikanischen Austauschschüler. Wir unterstützen diese junge, zarte Liebe und unsere Tochter reist seither immer wieder in unregelmäßigen Abständen nach Mexiko bzw. hat vor dem Beginn ihres Studiums ein halbes Jahr dort verbracht. Hierbei ist es uns wichtig, sie im Falle einer Krankheit oder eines Unfalls zumindest versicherungstechnisch ausreichend geschützt zu wissen. In all diesen Situationen können wir heute dank unseres Versicherungsmaklers eine optimale Versicherungslösung finden. Das war nicht immer so und ein Buch wie dieses hätte ich mir in jüngeren Jahren, als wir noch keinen Betreuer hatten, mehr als gewünscht.

Dinge wie Krankheiten oder schwere Unfälle scheinen immer weit weg und betreffen uns persönlich nicht, bis wir sie plötzlich am eigenen Leib erfahren müssen. Mein Mann war gerade einmal neunzehn Jahre alt und seit Kurzem im Besitz des Motorradführerscheins, als ihm am Nachhauseweg von seiner Ausbildung in Luxemburg ein Lieferwagen die Vorfahrt nahm. Das Leben war im Bruchteil einer Sekunde nicht mehr wie vorher. Schwerste Verletzungen, Koma, viele Operationen, fünf Prozent Überlebenschance, ein Jahr Krankenhaus, zu achtzig Prozent behindert. Die Versicherung, die seine Eltern vor dem Unfall für ihn abgeschlossen hatten, ermöglicht ihm heute zumindest finanziell ein sorgenfreies Leben.

Auch eines unserer Kinder erlitt vor Kurzem einen Unfall mit Knochenbruch. Die notwendige Behandlung im Spital wollte man seitens der Krankenzusatzversicherung zunächst nicht übernehmen. Mein Versicherungsmakler erledigte die Sache noch am gleichen Tag. Es ist wichtig, hier jemanden zur Seite zu haben, auf den man sich verlassen kann.

Ja, Versicherungen reißen ein nicht unwesentliches Loch in unser monatliches Budget. Aber die Gewissheit, im Falle des Falles gut abgesichert zu sein, hinterlässt bei mir ein gutes und entspanntes Gefühl.

Susanne kenne ich schon seit vielen Jahren und habe mich sehr gefreut, als sie fragte, ob ich das Gastvorwort für ihr erstes Buch schreiben will. Ich halte das Thema Versicherungen für so wichtig, dass jeder Basiswissen dazu haben sollte. Ein Ratgeber wie dieser kann dazu wesentlich beitragen.

Michaela Welfring

Anmerkung: Michaela ist verheiratet, Mutter von fünf Kindern, lebt im Süden von Wien und betreibt erfolgreich den Instagram-Channel **kunterbunte_lebensfreude**.

Vorwort

Hallo,

ich bin Susanne und helfe seit über 25 Jahren Familien auf ihrem Weg, sich richtig und ausreichend zu versichern, ohne in die Überversicherungsfalle zu tappen. Der Inhalt des Buches, das du gerade in den Händen hältst, ist in den letzten zehn Jahren in meinem Kopf langsam gewachsen. Immer wieder hatte ich Erlebnisse mit Versicherungen (positive wie negative), bei denen ich mir dachte, gewisse Dinge sollten nicht nur meine Kunden, sondern alle Menschen wissen. Nun haben meine Erfahrungen ein Ausmaß angenommen, das mich dazu gebracht hat, dieses Buch zu schreiben. Denn ich erlebe im Zuge meiner täglichen Arbeit viele Dinge, die ich gerne an dich weitergeben möchte. Das sind einerseits Fehler anderer, aus denen man lernen kann. Andererseits sind es einfach Tipps, wie man sich in bestimmten Situationen (z. B. im Schadenfall) richtig verhält. Kurzum: Meine Erfahrungen sollen auch dir helfen, ein realistisches Verhältnis zu Versicherungen zu entwickeln.

Es ist ja nicht so, dass es auf diesem Gebiet nicht bereits einiges an Fachliteratur gibt. Mein Anspruch an dieses Buch ist jedoch, das Thema einmal komplett anders anzugehen. Vor allem will ich dir als Leserin ein Quäntchen Humor mitgeben, die trockene Materie ein bisschen lockerer vermitteln und mit möglichst vielen Praxisbeispielen untermauern. Keine Sorge, ich will dir keine Professur in Sachen Versicherungskunde verleihen. Was mir hingegen wichtig ist: Du sollst künftig deine Versicherungen verstehen und nie mehr das Gefühl verspüren, in einer Beratung über den Tisch gezogen worden zu sein, weil du etwas unterschrieben hast, das du so gar nicht wolltest. Leider passiert das in der Versicherungswelt immer noch tagtäglich und ich habe mir vorgenommen, hier Transparenz zu schaffen. Letztlich ist es dein Leben, deine Absicherung und es gehört zu deiner Selbstverantwortung, eine ordentliche Vorsorge für dich und deine Familie zu haben. Dazu musst du allerdings ein paar Basics kennen und genau die gebe ich dir mit meinem Buch an die Hand.

In all den Jahren hat sich eine Sache als Grundproblem für alle Kunden (ob Privatpersonen oder Unternehmerinnen), die das erste Mal bei mir waren, erwiesen: Der Durchschnittsbürger kennt sich in der Versicherungswelt viel zu wenig aus. Wie auch? Wir müssen heute ohnedies auf unendlich vielen Gebieten Fachwissen ansammeln. Manches davon machen wir gerne und daher freiwillig (die neuesten Handy-Apps ausprobieren oder Influencer-Kauftipps folgen), anderes wiederum eher notgedrungen, aber nicht wirklich aus eigenem Interesse (alle Paw-Patrol-Figuren beim Namen kennen oder einen Förderungsantrag für Photovoltaikanlagen online einreichen). Ich lehne mich wohl nicht zu sehr aus dem Fenster, wenn ich behaupte, Versicherungen gehören zur zweiten Gruppe.

Die Ergebnisse von mangelndem Fachwissen sind einerseits gefährliches Halbwissen und andererseits Versicherungsmythen, die seit Jahren schwieriger zu entfernen sind als alter Kaugummi. Beides klebt und ist gekommen, um zu bleiben. Die weitere Folgeerscheinung sind verunsicherte Kundinnen, die sich ihrem Berater mehr oder weniger ausgeliefert fühlen – mit dem Ergebnis, dass eine Versicherungsberatung für viele in der Beliebtheitsskala gleichauf mit einem Zahnarzttermin liegt (O-Ton einer Neukundin). Nach einer kürzlichen Wurzelbehandlung in vier langen Sitzungen weiß ich genau, was solch eine Aussage bedeutet. Und so sollte es nicht sein, zumal den meisten gleichzeitig bewusst ist, wie wichtig Versicherungen sind und dass nicht selten Existenzen an ihnen hängen. Dieses Buch soll dir in erster Linie dabei helfen, das Gefühl der Unsicherheit und des Ausgeliefertseins zu beseitigen.

Lass mich hier einen Vergleich anstellen: Was haben deiner Ansicht nach Versicherungen mit Autowerkstätten zu tun? Ich verrate es dir gleich, zuerst aber ein Outing meinerseits: Ich kenne mich mit dem Innenleben meines Autos gar nicht aus. Und wenn ich gar nicht sage, meine ich das auch so. Selbst die Scheibenflüssigkeit füllt bei uns daheim mein Mann nach (ich vermute aus Angst, ich könnte einen falschen Deckel unter der Motorhaube öffnen). Ich musste lange Zeit immer wieder die Bedienungsanleitung meines Autos aus dem Handschuhfach holen, um den Knopf zum Öffnen der Motorhaube überhaupt erst zu finden. Wenn ich es mir dann endlich irgendwann gemerkt hatte, war es Zeit, das in die Jahre gekommene Auto zu wechseln, und der Spaß begann beim neuen Fahrzeug von vorne. Und frage nicht, was passiert ist, wenn ich mal richtige Autopannen hatte. Du siehst, ich bin nicht gerade ein Autofreak.

Wenn ich daher mit meinem fahrbaren Untersatz in die Werkstätte zum Service muss, will ich mich dort zu hundert Prozent auf die Fachkenntnis und die Beratung meines Werkstättenmeisters Heinz verlassen können. Es ist mir dabei völlig egal, ob Heinz das Öl der Marke A, B oder C verwendet. Ebenso verlasse ich mich darauf, dass er mich auf Sicherheitsmängel wie abgefahrene Bremsbeläge hinweist. Aber das erwarte ich eben nicht, weil man mir als Unwissende – unter dem Deckmantel der Verkehrssicherheit – alles verhökern kann, sondern aufgrund seiner Expertise als Kfz-Mechaniker und des Willens, mir den besten (nicht den teuersten!) Service für mein Auto zu bieten. Denn ich will keinesfalls im Nachhinein draufkommen, dass man mir eine Dienstleistung oder ein Ersatzteil verkauft hat, das nicht notwendig gewesen wäre, nur, weil ich auf dem Gebiet eine Laiin bin und infolgedessen für blöd verkauft wurde. Weil Heinz meine Unwissenheit jedoch noch nie ausgenutzt und mir immer den bestmöglichen Service geboten hat, vertraue ich ihm in Sachen Auto wirklich blind.

Und genauso geht es 99 Prozent aller Versicherungskunden, die neu zu mir kommen. Sie wissen zwar, dass Versicherungen wichtig sind, haben aber weder Lust noch Zeit, sich mit dem Thema auseinanderzusetzen. Aus diesem Grund nehmen sie die Serviceleistungen eines Versicherungsmaklers in Anspruch. Häufige Probleme sind: Die Kundinnen wissen nicht, welche Versicherungen wirklich wichtig sind und in welcher Lebensphase sie welche konkret brauchen. Sie haben ihre Versicherungsverträge bereits seit Jahren nicht mehr aktualisiert und wissen daher nicht, ob sie nicht für manche Bereiche doppelt oder mehrfach zahlen oder überhaupt gänzlich unnötige Versicherungen laufen haben. Allerdings sind Kunden häufig unsicher, ob existenzbedrohende Risiken für sich und ihre Familie ausreichend abgedeckt sind. Somit bleibt die Angst, trotz teils hoher monatlicher Versicherungsfixkosten im Ernstfall durch die Finger zu schauen und jahrelang umsonst Prämien bezahlt zu haben.

Dieses Buch soll dir genau diese Ängste nehmen. Mein Ziel ist es, dich zu einer mündigen Versicherungskundin zu machen, die einerseits in groben Zügen weiß, was man versichern kann und was nicht. Andererseits will ich sicher sein, dass du dadurch selbstbewusst ins nächste Beratungsgespräch gehst und dir niemand mehr ein X für ein U vormachen kann. Wie du das erreichen kannst, werde ich dir anhand von vielen Beispielen aus meiner Praxis zeigen. Wir starten mit einem Selbstcheck, der dir einen Überblick darüber verschaffen soll, welchen Versicherungsschutz du aktuell besitzt und wo es eventuell Lücken oder Doppelgleisigkeiten gibt.

Nachdem jeder Mensch, jede Familie individuell ist, kann

dir dieses Buch keine persönliche Beratung bei einer Versicherungsexpertin ersetzen. Viele Menschen haben aber keine derartige Vertrauensperson – um dir bei der Suche nach einer zu helfen, habe ich ein ganzes Kapitel zu diesem Thema zusammengestellt. Hier findest du alle Parameter, die ein Versicherungsmakler aufweisen sollte, damit du ihm dein Vertrauen schenkst. Auch mit häufigen und miesen Verkaufstricks habe ich mich auseinandergesetzt und gebe dir hier all jene Erfahrungen weiter, die enttäuschte Kundinnen im Laufe der letzten 25 Jahre gemacht haben bzw. die bei manchen Vermittlern leider auch heute noch gängige Praxis sind.

Noch ein kleiner Exkurs zu den sprachlichen Barrieren im deutschsprachigen Raum. Nachdem ich im Gespräch mit deutschen Kollegen festgestellt habe, dass bei unseren Nachbarn der Begriff »Polizze« nicht gängig ist, hier eine Anmerkung: Liebe deutsche Leserinnen, Policen werden in Österreich »Polizze« genannt. Seht es als schrullige Ösi-Besonderheit. Hach, ich liebe es, wenn es diese deutsch-österreichischen Übersetzungshilfen braucht! Generell stellt dieser Ratgeber auf österreichische Gegebenheiten ab. Es gibt zwar in der Welt der Versicherungen viele Parallelen zu unserem Nachbarland Deutschland, aber gleichzeitig auch einige Unterschiede.

Betrachte dieses Buch als einen Leitfaden, um deine eigene Versicherungslandschaft auf Vordermann zu bringen. Ich weiß, dass es weitaus spannendere Tätigkeiten gibt, als sich mit Versicherungsthemen auseinanderzusetzen. Die meisten von uns gehen sogar lieber in die Waschküche oder erledigen die Bügelwäsche. Es gibt aber wenige Themen, die so existenziell sind wie Versicherungen. In diesem Sinne: Danke, dass du dranbleibst. Und, ja: Die Bügelwäsche kann getrost noch ein wenig warten. Deine Sicherheit und die deiner Familie aber nicht.

Alles Liebe,
deine Susanne

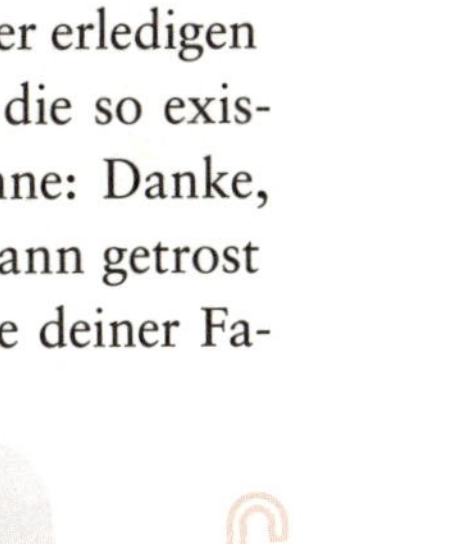

Persönliches & dein Polizzen-Check

Warum ich tue, was ich tue

Fallbeispiel

Stell dir vor, du befindest dich auf einer Party und unterhältst dich angeregt mit deinen Freundinnen. Plötzlich drängt sich ein Unbekannter ins Gespräch, der sowohl humorvoll als auch sympathisch zu sein scheint. Auf die Frage, was er denn beruflich mache, antwortet er: »Versicherungsmakler«. Sämtliche Sympathiewerte verfliegen in Sekundenschnelle, die Stimmung sinkt wie ein Bleigewicht und es herrscht eine unbehagliche Stille.

Du meinst, das sei übertrieben? Ich habe es unzählige Male selbst erlebt. Die Reaktion hätte kaum anders ausgesehen, wenn ich gesagt hätte, ich wäre Abmahnanwältin, Politikerin oder Zuhälterin.

Sogar mein eigener Mann gestand mir später, dass er am Abend unseres Kennenlernens ziemlich geschockt nach Hause gegangen war, nachdem er gehört hatte, was ich beruflich mache. Vielleicht lag es auch an diesem Umstand, dass er mich erst fünf Jahre später fragte, ob ich ihn heiraten wolle.

Ja, es ist richtig – im Vergleich mit sogenannten ehrenwerten Berufen wie Feuerwehrmann, Krankenschwester, Lehrer oder Polizistin mag der Job Versicherungsmakler auf den ersten Blick nicht so aufregend erscheinen. Wir sind weder diejenigen, die die Medien beherrschen oder große Bühnen erobern, noch erhalten wir Auszeichnungen für unser Lebenswerk. Eher im Gegenteil, wir befinden uns auf der Beliebtheitsskala seit eh und je unter den Top 10 jener Berufe mit dem schlechtesten Ruf – gleichauf mit Parksheriffs & Co.

Aber um ehrlich zu sein: Wenn es darum geht, deine Vermögenswerte zu schützen, deine Familie im Falle eines Unfalles gut abzusichern, sind wir die wahren Heldinnen. Darüber wird nur meist nicht gesprochen. Bevor du uns als langweilig, überflüssig und provisionsgesteuert abstempelst, lass mich dir meine ganz persönliche Geschichte darüber erzählen, wie ich vor gut 25 Jahren in die Welt der Versicherungen hineingerutscht bin.

Meine Why-Story

Wie alles begann

Ich war Anfang zwanzig, als ich vor einem verkohlten Trümmerhaufen stand. So weit das Auge reichte, sah ich schwarze, noch rauchende Gebäudeteile. Den beißenden Brandgeruch habe ich heute noch in der Nase. Verzweifelte Gesichter rundherum. Keiner konnte oder wollte begreifen, was passiert war.

Was ich damals noch nicht wusste: Es sollte bis heute der größte Feuerschaden sein, den unsere Firma je abgewickelt hat. Ich war genau seit zwei Jahren in der Versicherungsmaklerei meines Vaters tätig, der damals noch lebte. Alles begann mit einem Anruf sehr zeitig in der Früh. Eine langjährige Kundin, Frau Böhm (Name wurde geändert), teilte völlig aufgebracht mit, dass es in ihrem Betrieb in der Nacht gebrannt habe und das Gebäude vermutlich nicht gerettet werden könne. Mein Vater versprach, so schnell wie möglich zu kommen.

Ich hatte erst im Jahr davor meine Prüfung zur Versicherungsmaklerin erfolgreich absolviert, war aber noch ein ziemlicher Grünschnabel, was die Schadenpraxis anging. Natürlich hatte ich vom Schreibtisch aus bereits Glas-, Sturm- und Leitungswasserschäden abgewickelt. Aber ein großer Feuerschaden? Damit ist man nicht jeden Tag konfrontiert. Anspannung machte sich in mir breit. Was würde uns vor Ort erwarten? Ich denke, mein Vater hatte ein ähnliches Gefühl, auch wenn er so etwas nie zeigte. Erst viel später (als alles schon lange erledigt war) gestand er, dass man in solchen Momenten als Makler natürlich stets hofft, dass alles gut gehen würde.

Wir sagten also kurzfristig alle Termine dieses Tages ab und fuhren noch in der Früh zum Ort des Geschehens. Schon während der Autofahrt war die Anspannung spürbar. Das Bild, das sich uns wenig später bot, werde ich wohl nie mehr vergessen. Ein zuvor vierstöckiges Betriebsgebäude lag in Schutt und Asche vor uns. Da und dort glomm noch ein Feuernest, überall stieg Rauch auf und die Feuerwehr hatte immer noch nicht das ersehnte »Brand aus« verkündet. Der beißende Brandgeruch nahm mir fast den Atem.

Familie Böhm stand, immer noch fassungslos und in Tränen aufgelöst, neben uns. Sie war völlig verzweifelt – ihre komplette Existenz lag in Trümmern vor ihr.

In solch einem Moment kann man auch als Versicherungsmaklerin nicht viel mehr tun, als einfach nur da zu sein. Unser fachlicher Part sollte in Kürze beginnen. Bis dahin waren aber noch die Sicherheitskräfte am Arbeiten. Außerdem kommen in so einem Fall Brandsachverständige zum Einsatz, die die Ursache des Feuers ermitteln und – für die Betroffenen wichtig – ausschließen, dass Brandstiftung die Ursache für das Feuer war.

Wir saßen mit der Familie an diesem Tag noch lange in der Küche (das Privathaus war zum Glück unversehrt geblieben) und versuchten, ihr Mut zuzusprechen und sie zu beruhigen. Mir ist das damals sehr nahegegangen und ich war froh, dass mein Vater so viel Souveränität ausstrahlte. Allein wäre ich damals jedenfalls überfordert gewesen.

Die folgenden Wochen und Monate waren geprägt von Arbeit für diesen Schadenfall. Es standen noch weitere Begehungen mit Sachverständigen an. Zudem rückte der Leiter der Schadenabteilung der betroffenen Versicherung (eine der größten Österreichs) mitsamt seinem Team aus. Jedes Mal waren wir mit dabei, um notwendige Informationen zu liefern bzw. die Familie bei Befragungen zu unterstützen. Letztlich hat sich der Aufwand mehr als gelohnt und die Abwicklung hat perfekt funktioniert.

Zugegeben: Mein Vater musste nicht nur einmal am Telefon sehr laut werden, weil die Dinge nicht gleich so liefen, wie er das erwartete. Aber dank seines Einsatzes blieb Familie Böhm von all diesen Unannehmlichkeiten verschont.

Weshalb ich dir das erzähle? Dieser Schaden hat mich, gerade zu Beginn meiner Versicherungskarriere, stark geprägt. Ich hatte damals – wie viele andere auch – ein nicht gerade positives Bild von Versicherungen: Für mich war es eine ungeliebte Branche, die – wenn es darauf ankommt – eh nie zahlt. Nicht zu vergessen die unsympathischen Versicherungsvertreterinnen, die dir aus reiner Profitgier alles andrehen, was irgendwie möglich ist. Seien wir ehrlich, dieses Image haftet seit eh und je wie Superkleber an Versicherungen.

Aber dieser Schaden hat mir einerseits gezeigt, dass man mit persönlichem Einsatz, einem guten Versicherungsvertrag und einem vernünftigen Gesprächspartner auf der Versicherungsseite sehr viel Positives bewirken kann. Andererseits wurde mir dadurch bewusst, dass Versicherungen Existenzen retten können und dies auch tagtäglich tun. Davon hört die Öffentlichkeit nur meist sehr wenig. In die Medien finden leider immer nur Streitfälle ihren Weg, die dann – für die Versicherungsbranche meist sehr unrühmlich – breitgetreten werden. Oft passiert das völlig zu Recht und viele Entscheidungen von Schadenabteilungen sind auch für mich nicht nachvollziehbar. Insofern darf sich die Versicherungswelt nicht wundern, dass sie so einen katastrophalen Ruf hat. Aber vergessen wir dabei nicht, dass es ebenfalls Versicherungen gibt, die Tag für Tag Schäden zur vollsten Zufriedenheit ihrer Kunden abwickeln. Und das ist die große Mehrheit! Nur redet man darüber nicht so oft. Hätte in dem zuvor geschilderten Fall nur eines der Rädchen nicht funktioniert, wäre der Ausgang für die Betroffenen ein komplett anderer gewesen.

Jahrzehnte und damit Hunderte große und kleinere Versicherungsfälle, die wir für unsere Kundinnen abgewickelt haben, später kann ich heute aus eigener Erfahrung sagen: In solchen Situationen hast du einerseits das menschliche Leid vor Augen, andererseits natürlich auch den materiellen Schaden. Betrifft der Schaden den eigenen Betrieb, stehen obendrein das gesamte Einkommen und damit die komplette Existenz einer Familie, Arbeitsplätze für die Mitarbeiter etc. auf dem Spiel.

Als alles erledigt und die Gebäude wieder aufgebaut waren, wurden wir zur Besichtigung des neu errichteten Betriebs eingeladen. Frau Böhm hat sich unzählige Male bei meinem Vater bedankt, es sind Tränen geflossen und die ganze Situation war sehr emotional. Ich glaube, sie wusste ganz genau, wie viel sie dem persönlichen Einsatz von Herrn Bloch verdankte. Das war genau der Moment, in dem mir klar wurde: So sollte Versichern sein. Ich wollte ab da meinen Beitrag dazu leisten, dass Kundinnen nach einem Schaden genau diese Art der Unterstützung erfahren und am Ende des Tages das bekommen, was ihnen zusteht – anstatt in einer ohnehin emotionalen und finanziell schwierigen Situation als Bittstellerinnen gegenüber einem riesigen Versicherungskonzern antreten zu müssen.

Dieser Gedanke bildet bis heute die Philosophie der Kundenbetreuung für mein Team und mich ab. Wir nehmen mit unseren Versicherungen im täglichen Leben die Rolle des Prellbocks für unsere Klienten ein. Die erste, oft ablehnende Antwort eines Schadenreferenten ist nicht immer fachlich korrekt. Da haken wir nach, untermauern unsere Aussagen, wenn nötig auch mit oberstgerichtlichen Entscheidungen, ziehen in manchen Fällen auch Konsulentinnen bei. All das sieht der Kunde oft gar nicht. Wichtig ist, was am Ende des Tages herauskommt. Und hier geben wir erst dann auf, wenn ein zufriedenstellendes Ergebnis für den Kunden auf dem Tisch liegt.

Genau dieses Vertrauen meiner Kundinnen, die beste Lösung für sie herauszuholen, spornt mich jeden Tag aufs Neue an. Es gibt auch Fälle, die viel mühsame Kleinarbeit erfordern, bis wir zu einem zufriedenstellenden Ergebnis kommen. Ähnlich wie Kriminologen, die einen Fall zu lösen haben. Meine Kollegen und ich sind dabei vielleicht nicht so cool wie James Bond. Wir (oder zumindest die meisten von uns) arbeiten auch ohne schnelle Autos, mit Kaffee statt Martini und einer Aktentasche statt schräger Technik-Gadgets. Aber unsere Arbeit ist mindestens genauso wichtig. Anstelle von Verfolgungsjagden, Explosionen und dem unsichtbaren Aston Martin spannen wir für dich ein Sicherheitsnetz, das dich und deine Familie bestmöglich vor existenziellen Gefahren schützt. Das klingt vielleicht auf den ersten Blick nicht so spannend. Wenn du dieses Sicherheitsnetz allerdings brauchst, sind wir es, die wissen, wie es richtig aufgespannt wird und an welcher Seite wir am stärksten ziehen müssen, um deinen Aufprall so gut wie möglich abzufedern. Und wir sind – gerade dann – für dich da. Zu dieser Zeit, also wenn der Schadenfall eingetreten ist, liegt James Bond aber schon längst mit einem geschüttelten, nicht gerührten Martini in einer verlassenen Bucht von Thailand und lässt sich die Sonne auf die Designerbadehose scheinen. Für uns beginnt aber jetzt erst die Arbeit.

Versicherungen und ihre Kunden – Eine Beziehung mit Hindernissen

Wir alle kennen die Klischees, die in unseren Köpfen herumschwirren, wenn es um Versicherungen geht. Auf der einen Seite haben wir die Kundinnen, die oft denken: »Versicherungen sind Geldschneiderei!« Auf der anderen Seite gibt es Versicherungen, die jeden Schadenfall so misstrauisch prüfen, als ob es sich um eine Folge der Serie CSI Miami handeln würde – Analyselabor inklusive.

Der Versicherungskuchen ist gewaltig, immerhin geht es um nicht weniger als rund 20,34 Milliarden Euro Prämie, die wir Österreicherinnen pro Jahr bezahlen. Durchschnittlich investiert somit jeder Österreicher – vom Baby bis zum Großpapa – Jahr für Jahr ca. 2.200 Euro in Versicherungsverträge, die sich wiederum so aufteilen:

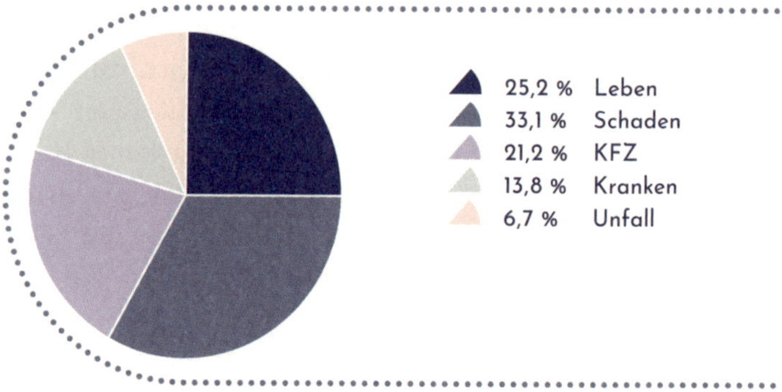

Grafik #1: Prozentuelle Aufteilung der Versicherungssparten in Österreich im Jahr 2023, Quelle: Jahresbericht 2023, VVO

Klischee 1: Kunden denken: »Versicherungen sind Geldschneiderei!«

Ich gebe es zu, Versicherungen können teuer und manchmal ungut sein. Aber bevor du dich zu sehr auf die negativen Aspekte versteifst, schau mal genau hin. Versicherungen sind wie ein Sicherheitsnetz. Wenn du mal ins Trudeln gerätst, sind sie da, um dich aufzufangen. Aber viele Kundinnen sehen nur die monatlichen Beiträge und vergessen den Schutz, den sie im Ernstfall geboten bekommen. Von den vielen Schadenfällen, die täglich positiv abgewickelt werden, reden nämlich die wenigsten. Und nicht selten retten Versicherungen die gesamte Existenz ihrer Kunden. Du musst nur wissen, wie du die richtigen auswählst.

Klischee 2:
Versicherungen denken: »Jeder will uns betrügen!«

Versicherungen haben jedenfalls ihre Gründe, vorsichtig zu sein. Schließlich gibt es tatsächlich Menschen, die versuchen, das System auszutricksen. Aber das bedeutet nicht, dass jede Kundin eine potenzielle Betrügerin ist. Die meisten von uns sind ehrlich und wollen nur für den Fall der Fälle abgesichert sein.

Fazit: Die Beziehung zwischen Versicherungen und ihren Kunden ist eine, die es wert ist, gepflegt zu werden.

Am Ende des Tages sollten Versicherungen und Kunden wie ein gut eingespieltes Team zusammenarbeiten. Die Kundinnen sollten verstehen, dass Versicherungen keine Halsabschneider sind, sondern einen Schutzmechanismus bieten. Und Versicherungen sollten ihren Kunden Vertrauen entgegenbringen und nicht alle Versicherten unter Generalverdacht stellen. Es ist Zeit, die Klischees beiseitezulegen und eine Welt anzustreben, in der Kundinnen ihre Versicherungen verstehen und Versicherungen ihren Kunden vertrauen. Denn am Ende des Tages müssen wir alle im Zirkus des Lebens zurechtkommen.

Deine drei Schritte zum Polizzen-Check – Wir legen gemeinsam los!

Wenn ich unseren wöchentlichen Großeinkauf ohne Einkaufszettel im Supermarkt starte, hat das fast immer zwei Konsequenzen: Erstens kaufe ich sicherheitshalber Essiggurken, obwohl wir noch vier Gläser daheim im Vorratsschrank haben – wie mir aber stets erst wieder zu Hause auffällt. Zweitens vergesse ich fix eine wesentliche Zutat für das am Wochenende geplante Familienessen und muss – je nachdem, wann mir der Fauxpas auffällt – nochmals zurück in den Supermarkt oder (zur späteren Stunde) zur Tankstelle. Lästig, mühsam und am Ende des Tages unnötig teuer. Ganz anders verhält es sich, wenn ich vor dem Shoppingausflug eine Bestandsaufnahme in den Untiefen unseres Kühlschranks vornehme. Dann weiß ich, ob wir die nächsten sieben Tage essenstechnisch auskommen oder spätestens am Montag wieder für neuen Stoff sorgen müssen.

Auf dem gleichen Prinzip beruht die Tatsache, dass wir zu Hause im Laufe der Zeit sieben Fahrradpumpen angesammelt haben. Jedes Jahr im Frühling beginnt die hektische Suche beim Auswintern der Fahrräder aufs Neue, jedes Jahr wieder ist keine Pumpe auffindbar. Jedes Jahr die gleiche – vermeintlich – gute Lösung: »Ich muss ohnehin in den Baumarkt, ich nehme eine neue mit!« Dies hat zu unserer unfreiwilligen Pumpenkollektion geführt. Was war die Ursache? Wir haben uns zuvor keinen Überblick darüber verschafft, was wir zu Hause haben, und so auch keine Kenntnis darüber gehabt, was wir brauchen.

Du glaubst, bei deinen Versicherungsverträgen ist das anders? Keineswegs. Du würdest dich wundern, wie viele Menschen Verträge abschließen, ohne zu wissen, was sie damit alles abgedeckt haben. Meist liegt der Abschluss schon so lange zurück, dass sie sich schlichtweg nicht mehr erinnern können, was sie seinerzeit unterschrieben haben. Besonders krass: Im Falle eines Schadens denkt man häufig nicht an seinen Vertrag, reicht den Schaden somit nie ein und erhält infolgedessen auch nie eine Leistung. Schade ums Geld.

Das kann bei einer zerbrochenen Fensterscheibe vielleicht eine Bagatelle sein, die das Haushaltsbudget nicht zu sehr belastet. Wenn aber dein Skiunfall mit der Schulterluxation nicht fristgerecht gemeldet wird, kann es gleich um sehr viel Geld gehen, das du verschenkst. Ich gehe davon aus, dass du das nicht willst, oder? Und genau deshalb sind die nachfolgenden Schritte, die ich dir hier mitgeben will, so wichtig. Sie basieren auf dem, was ich tagtäglich in meiner Arbeit mache.

Wenn neue Kundinnen zu mir kommen, um einen Polizzen-Check vornehmen zu lassen, gehe ich stets nach demselben Prinzip vor. Eine Step-by-Step-Anleitung stellt sicher, dass wir während der Beratung nichts vergessen und erst nach Abklärung des Status quo mit der Optimierung der Versicherungsverträge starten. Diese Anleitung gehe ich im Folgenden mit dir gemeinsam durch. So kannst du sichergehen, nichts Wichtiges zu vergessen, und den Grundstein für deinen persönlichen Versicherungscheck legen. Eine persönliche Beratung bei der Versicherungsmaklerin deines Vertrauens kann diese Anleitung zwar nicht ersetzen, aber du kannst dir einen Überblick darüber verschaffen, wo es Lücken in deinem System gibt und inwieweit du vielleicht doppelt oder unnötig versichert bist.

Der allererste Schritt in eine geordnete Versicherungswelt ist, dass du deinen aktuellen Zustand und deine Situation analysierst. Ich weiß, auch ich neige bei solchen Aufgaben dazu, diesen Arbeitsschritt zu überspringen oder nur halbherzig zu machen. Wir reden hier allerdings nicht vom eben ausgepackten Staubsauger, den du mit ein paar Handgriffen selbst zum Laufen bzw. Saugen bringst, auch wenn du das Lesen der Bedienungsanleitung auslässt (ich bekenne mich an dieser Stelle ganz offen zum Team »Bedienungsanleitung lesen? Nein, danke!«). Wenn es um deine Versicherungen geht, ist es jedoch unumgänglich, dass du dir ein Bild machst, welchen Schutz du aktuell hast, wie es um deine familiäre Situation steht und was du letztlich abgesichert haben willst. Ich kann dich auf diesem Weg nur begleiten, wenn du dieses To-do wirklich sorgfältig erledigst. Sonst ist es so, als würdest du in ein Auto steigen, von dem du nicht weißt, wie lange der Sprit reicht und wohin die Reise überhaupt gehen soll. Trotzdem willst du schnell und sicher an deinem Ziel ankommen. Das kann nicht funktionieren.

Also, such dir am besten jetzt gleich – mit diesem Buch in der Hand – alle notwendigen Unterlagen zusammen und du wirst sehen: Die Sache ist halb so schlimm und schneller erledigt als gedacht.

Schritt 1 – Der Status quo deiner Versicherungen

Im ersten Schritt geht es daran, all deine Versicherungsverträge zusammenzutragen. Viele meiner Kunden haben einen eigenen Ordner, in dem sie alles, was zum Thema Vorsorge und Versicherungen anfällt, fein säuberlich abheften, oder sie speichern die entsprechenden Dokumente auf ihrem Rechner. Wenn du auch zur ordentlichen Truppe zählst, hast du mit einem Griff alle wichtigen Unterlagen beieinander.

Wenn du eher eine kreative Organisation pflegst, überlege, wo alle Unterlagen sein könnten, ob physisch oder digital. Denke auch daran, dass z. B. die Unterlagen für dein Auto in einem eigenen Kfz-Ordner schlummern könnten. Oder vielleicht hast du für deine Kinder über die Schule eine Unfallversicherung abgeschlossen und diese Unterlagen im Ordner mit den allgemeinen Schulunterlagen verstaut? Vergiss auch nicht eventuelle Mitgliedschaften bei Automobilclubs, Versicherungspakete bei Kreditkartenfirmen und Vereinen oder Brillenversicherungen, die direkt beim Optiker abgeschlossen wurden. Wichtig ist in diesem Arbeitsschritt: Alles muss auf den Tisch, mache Tabula rasa. Du legst hier immerhin den Grundstein für alle späteren Überlegungen und deine künftige Versicherungslandschaft.

Fallbeispiel

Kleines Beispiel gefällig, wie wichtig das ist? Kundin Jutta und ihr Mann Paul hatten schon vor Ewigkeiten jeder für sich eine Rechtsschutzversicherung abgeschlossen und beide fühlten sich daher in diesem Bereich perfekt abgesichert. Bei unserer Analyse mussten wir allerdings feststellen, dass all die Jahre Tochter Lilly nicht versichert war. In keinem der beiden Verträge war sie berücksichtigt worden. Dieses Beispiel zeigt, dass – trotz des Gefühls, alles richtig gemacht zu haben – hier einiges hätte schiefgehen können, wäre ein Schadenfall eingetreten. Für Jutta und ihren Partner haben wir letztlich aus den beiden Einzelverträgen einen gemeinsamen Familienvertrag gemacht, in dem alle Personen erfasst sind, mit besserem Versicherungsschutz und insgesamt sogar einer günstigeren Prämie als davor. Zum Glück ist hier nichts passiert. Wenn in so einem Fall doch etwas schiefgeht, ist es leider zu spät und der Versicherungsschutz nicht mehr nachträglich reparierbar.

Susis Praxistipp

Wenn du deine Versicherungsinventur perfekt machen willst und – so wie ich – die meisten Zahlungen per Einziehungsverfahren tätigst, dann öffne zusätzlich dein Onlinebanking und überprüfe mit dem Stichwort »Versicherung« oder »Prämie« sämtliche Zahlungen der vergangenen zwölf Monate. Möglicherweise taucht hier noch der eine oder andere Vertrag auf, über den du keinerlei Unterlagen abgelegt hast. Vor allem geringe Beträge übersieht man bei der Kontrolle des Kontoauszugs nämlich leicht. So sollte aber alles aufscheinen, was irgendwie mit Versicherungen zu tun hat. Mit dem Filter kannst du deine Aufstellung nun finalisieren.

Damit du jetzt nicht die Übersicht verlierst, mach eine Liste, in die du alle aktuellen Verträge einträgst. Hier sollten jedenfalls die Polizzennummer, die Versicherungsanstalt und der Gegenstand der Versicherung (Auto, Haushalt etc.) angeführt sein. Idealerweise ergänzt du auch die Laufzeit und die jährliche Prämie. Für diese Liste genügt ein handgeschriebener Zettel oder eine simple Excel-Datei. Ich habe dir eine beschreibbare Datei vorbereitet, die du hier einfach downloaden kannst:

www.bloch-versicherungen.at/vertragsliste

Jetzt hast du die perfekte Grundlage, um mit den nächsten Schritten fortzufahren.

Solltest du bis dato noch keinen Sammelordner für deine Versicherungsunterlagen angelegt haben, nutze die Gelegenheit, dass du nun alles gesammelt vor dir hast, und lege gleich einen an. Du wirst sehen, das hilft dir auch in weiterer Folge ungemein dabei, alles mit einem Griff parat zu haben und im Bedarfsfall rasch handeln zu können. Nichts ist ärgerlicher, als wichtige Dokumente suchen zu müssen, weil man sich nur vage an deren Aufbewahrungsort erinnert. Wenn du eher der digitale Typ bist, lege dir einfach einen Sammelordner »Versicherungen« auf deinem PC an, mit je einem Unterordner pro Vertrag. Hierhin kannst du künftig alle Polizzennachträge, Vorschreibungen, E-Mails von deiner Betreuerin etc. verschieben.

So, das ging ja richtig flott, dann können wir doch gleich fortfahren mit …

Schritt 2 – Wie sieht deine aktuelle Situation aus?

Der zweite ist der einfachste Schritt, den du vermutlich in zwei Minuten abhaken kannst. Nichtsdestotrotz ist er sehr wichtig: Analysiere deine familiäre, deine berufliche und deine Wohnsituation. Es macht versicherungstechnisch einen Unterschied, ob du allein lebst und niemanden versorgen musst oder ob du drei Kinder und einen Partner in (Teil-) Karenz hast. Ebenso stellt sich die Situation risikotechnisch anders dar, wenn dein Kind drei oder sechzehn Jahre alt ist. Relevant ist auch der Familienhund (Katzen fallen versicherungstechnisch nicht ins Gewicht, dazu kommen wir aber später noch). Denke auch an Familienmitglieder, die nicht mit dir im gemeinsamen Haushalt leben und zu versorgen wären, wenn mit dir etwas passiert. Bei Patchwork-Familien kann das beispielsweise ein Thema sein. Möglicherweise gibt es auch pflegebedürftige Angehörige. Anders gefragt: Wer ist alles von deinem Einkommen abhängig?

Ebenso ist deine aktuelle Wohnsituation entscheidend. Lebst du in einer abbezahlten Eigentumswohnung oder in einem Haus? Steckst du mitten in der Rückzahlungsphase deines Kredites? Oder lebst du in einem Mietverhältnis?

Auch dein derzeitiges Arbeitsverhältnis ist zu durchleuchten. Bist du angestellt und hast ein monatliches Fixeinkommen? Oder ist dein Einkommen erfolgsabhängig und eine längere Krankheit würde einen spürbaren Einkommensverlust bedeuten? Auch ist in manchen Berufen der Anteil von Trinkgeldern an den Einkünften nicht unbeträchtlich (z. B. Friseurinnen, Kosmetiker). Vielleicht bist du auch selbstständig, dein Einkommen variiert von Monat zu Monat und ist davon abhängig, dass du selbst Kundenaufträge ausführst. Tauschst du dafür Zeit gegen Geld oder generierst du eventuell Passiveinkommen, das auch dann weiterfließen würde, wenn du eine Zeit lang außer Gefecht gesetzt wärst? Du siehst schon, hier kann es schwierig werden.

Es gibt viele Details, die leicht übersehen werden, am Tag X aber darüber entscheiden können, ob du eine Leistung erhältst oder nicht. Klar ist auch, dass diese Analyse bei jedem Menschen anders aussieht. Ein Selbstständiger, der jedes Jahr aufs Neue ab 1. Jänner von Null weg für seinen Umsatz arbeiten muss, hat einen anderen Absicherungsbedarf als jemand, der z. B. laufende Tantiemen (für Bücher, Musik, Rechte etc.) einnimmt oder fixe, wiederkehrende Aufträge hat.

Auch noch wichtig: Gibt es Wohneinheiten bzw. Immobilien, die vermietet werden und dir somit ein laufendes Einkommen bescheren? All diese Punkte schreibe dir bitte zusammen, damit du auch hier eine umfassende Übersicht gewinnst. Wenn du eine solche geschaffen hast, kannst du mit dem dritten Schritt fortfahren.

Schritt 3 – Welche Absicherung wünschst du dir für dich und deine Familie?

Nun sind wir beim schwierigsten Punkt angelangt, denn zum einen beschäftigt sich niemand gerne mit dem Gedanken, dass einem etwas zustoßen könnte, z. B. der eigene Tod oder ein schrecklicher Feuerschaden, der Hab und Gut vernichtet. Zum anderen ist vielen gar nicht bewusst, was man überhaupt absichern kann bzw. mit welchen Kosten zu rechnen ist. Daher bleiben Risiken oft unversichert und im Ernstfall kann das für eine Familie die existenzielle Katastrophe bedeuten. Häufig gehen solche tragischen Fälle durch die Medien und die Bevölkerung wird zu Spenden aufgerufen. Oft hätte eine solche Situation mit ein paar Euro pro Monat verhindert werden können.

Beginnen wir mit dem einfacheren Teil der Übung, den materiellen Dingen. Kläre für dich, welche der folgenden Dinge du abgesichert wissen willst:

- Immobilie (z. B. dein Einfamilienwohnhaus),
- Grundstücke, vermietete Wohneinheiten,
- Hab und Gut (alles, was sich in deinem Haus/deiner Wohnung befindet),
- Auto (z. B. gegen Diebstahl, Vandalismus, Parkschaden),
- Stornoschutz für Reisen.

Schwieriger gestaltet sich meist die Absicherung des Menschen selbst bzw. der Gesundheit oder Arbeitskraft. Darunter fallen z. B.:

- dauerhafte Folgen/Beeinträchtigungen aufgrund eines Unfalles,
- Verlust der Berufs- oder Arbeitsfähigkeit,
- Sonderklasse bei Spitalaufenthalt,
- Arztkosten bei Wahlärztinnen, Therapien, Medikamente,
- finanzielle Versorgung der Hinterbliebenen im Todesfall,
- Krankenversicherung für Reisen und
- Vorsorge für Rente/Pension.

Natürlich gibt es noch weit mehr zu versichern, aber an dieser Stelle sollen nur die wichtigsten Absicherungen behandelt werden. Das zerbrochene Handydisplay beispielsweise mag zwar im ersten Augenblick sehr ärgerlich sein, stellt aber meistens kein existenzbedrohendes Risiko dar. Daher fehlen derartige Absicherungsformen auch in der obigen Auflistung.

Du kannst mittlerweile nahezu alles versichern. Es existieren schräge Produkte. In Florida gibt es etwa eine Versicherungsagentur, bei der du dich für einen US-Dollar pro Jahr gegen die Entführung von Aliens versichern lassen kannst – kein Scherz. Dafür werden im Fall des Falles zehn Millionen US-Dollar ausbezahlt. Total abgespaced! Denn die Voraussetzung muss ja sein, dass dich der Alien nach der Entführung wieder zurück zur Erde bringt. Stellt sich die Frage, wie gesprächsbereit ein Alien in dieser Situation ist. Und wie beweise ich der Versicherung, dass ich die letzten Stunden mit kleinen grünen Männchen in einem Raumschiff zugebracht habe? Genügt da ein Selfie? Spaß beiseite, ich denke, du weißt, was ich meine.

Die Frage, die sich mir in der Versicherungswelt immer stellt: Ist solch ein Vertrag für dich und deine Familie sinnvoll? Würde im Ernstfall deine Existenz gefährdet sein? Nach diesem Schema gehe ich bei meinen Beratungen immer vor. Denn: Was nützt es dir, wenn du deinen Goldfisch gegen Schnupfen versichert hast, dein Kind nach einem Unfall aber eine dauernde Invalidität davonträgt und du dir dann kein behindertengerechtes Auto leisten kannst?

Was brauchst du also wirklich? Welche Risiken machen dir so große Sorgen, dass du nicht mehr einschlafen kannst, wenn du mitten in der Nacht daran denkst? Genau diese Pain-Points meine ich.

Um all die Fragen von Schritt 3 beantworten zu können, solltest du aber erst einmal wissen, was du überhaupt absichern kannst, um dann zu entscheiden, welche Versicherungen in welchem Ausmaß für dich sinnvoll sind. Dazu werde ich dir in den nächsten Kapiteln alle wichtigen Infos geben, die du brauchst.

Fachkunde – Die Versicherungsspeisekarte

Haus & Wohnen

Kürzlich habe ich neue Blumentöpfe für unsere Veranda gekauft. Eine Gebrauchsanleitung lag dabei. Im Ernst jetzt – sollte nicht jeder wissen, wie er einen Blumentopf richtig verwendet? Selbst wenn ich die Dinger als Stifteköcher, Nachttopf oder Minischwimmteich für unsere Gartenfrösche verwende – da kann nicht allzu viel passieren. Diese Art von Beipackzetteln erheitert mich zwar, sie ergibt aber für Kunden nicht wirklich Sinn.

Umso erstaunlicher finde ich es, wenn so mancher Versicherungskunde denkt, ohne eine Fachfrau zurechtkommen zu können, die ihm den weitaus komplexeren »Beipackzettel« eines Versicherungsvertrages verdeutschen könnte. Nehmen wir die – fälschlicherweise oft als banal bezeichnete – Sparte der Haushaltversicherung her. Diese umfasst im Durchschnitt locker achtzig bis hundert Seiten Vertrags- und Bedingungstext. Ist es nicht etwas anmaßend, zu denken, das schaffe ich allein? Wie gut, dass du dich für diese Lektüre entschieden hast. Ich werde dir hier alles Wichtige verraten, damit du nicht zu den Ahnungslosen zählst, die gar nicht wissen, was sie mit solch einem Vertrag unterschreiben.

Starten wir mit der Haushaltversicherung bzw. Hausratversicherung.

Die Haushaltversicherung (in Deutschland: Hausratversicherung)

Was du in deiner Wohnung oder in deinem Haus aufbewahrst, ist durch eine Haushaltversicherung gedeckt. Dazu zählen Möbel, Teppiche, Bilder, Kleidung, Spielsachen, Bücher etc. – kurzum: alle beweglichen Dinge, die du als Privatperson hast. Ganz salopp wird das auch gerne so erklärt: Wenn du deine Wohnung oder dein Haus auf den Kopf stellst, ist alles, was dabei hinunterfällt, Thema der Inhalts-(also Haushalt-)Versicherung. Was zurückbleibt, sind Gebäudebestandteile, die in der Gebäudeversicherung inkludiert sind. Zu dieser kommen wir im Anschluss.

Wer ist in der Haushaltversicherung mitversichert?
Du bist als Versicherungsnehmerin versichert, ebenso dein Ehe- oder Lebenspartner und eure Kinder. So oder so ähnlich steht es in den allermeisten Bedingungen beschrieben. Bei manchen Produkten sind mittlerweile alle Personen, die in einem Haushalt leben, mitversichert (ungeachtet von ihrem Verwandtschaftsverhältnis). Im Falle einer WG betrifft das etwa auch zusammenlebende Menschen, die nicht miteinander verwandt sind. Prüfe daher in deinem Vertrag, welche Kriterien für eine Mitversicherung gelten, solltest du einen neuen Mitbewohner bekommen.

Was ist in der Haushaltversicherung inkludiert?
Die Haushaltversicherung umfasst zwar mehrere Sparten und wird daher fälschlicherweise oft als Bündelversicherung bezeichnet, tatsächlich ist sie aber eine kombinierte Versicherung. Dies bedeutet, dass eine Kündigung immer für den gesamten Vertrag gilt (also man kann nicht nur die Versicherung gegen Feuer oder Einbruch kündigen, sondern die Kündigung gilt für das gesamte Package).

Folgende Gefahren sind inkludiert:

Feuer: Hier sind Schäden infolge von Brand, Blitzschlag und Explosion abgedeckt. Der oft als Schadenbeispiel genannte explodierende Kochtopf passiert allerdings selten (zumindest bei unseren Kunden, vielleicht haben wir aber auch nur achtsame Köche versichert).

Susis Praxistipp

Im Falle eines Feuers können Schäden durch Ruß und Rauch entstehen, die bedingungsgemäß nicht inkludiert sind. Achte bei deiner Produktauswahl darauf, dass solche Schäden im Paket inbegriffen sind.

Sturmschaden: Nur Schäden aufgrund von Stürmen ab 60 km/h sind versichert. In diesen Bereich fallen auch Schäden aufgrund von Hagel, Schneedruck, Felsstürzen, Steinschlägen und Erdrutsch. Dies könnte z. B. Gegenstände auf dem Balkon, der Loggia oder der Veranda betreffen. Beim letzten Sturm flog an unserem Bürofenster sogar eine ganze Sitzauflagenkiste vorbei und prallte auf die Straße.

Leitungswasser: Im Rahmen der Haushaltversicherung kommt es bezüglich der Leitungswasserversicherung laufend zu Missverständnissen. Hier ist lediglich der Schaden an deiner Einrichtung versichert, wenn z. B. infolge eines Rohrgebrechens Leitungswasser austritt. Der Schaden in der Mauer selbst oder die Behebung einer Verstopfung im WC ist damit aber ausdrücklich nicht gemeint. Dafür ist die Gebäudeleitungswasserversicherung zuständig. In solchen Fällen ist eine Meldung bei der Hausverwaltung ratsam. Diese übernimmt dann die weitere Koordination.

Einbruch/Diebstahl, Vandalismus & Beraubung: In den Versicherungsbedingungen ist klar geregelt, wann ein Einbruchsdiebstahl vorliegt und wann nicht. Dies führt im Schadenfall oft zu Streitfällen, weil nicht alle Voraussetzungen für einen Einbruch erfüllt sind. Häufig war ein gekipptes Fenster schuld, dass ein Einbrecher leichtes Spiel hatte, manchmal auch nicht verschlossene Türen. Nicht versicherte Schadenklassiker, die immer wieder passieren, sind z. B. eine offene Terrassentüre, während sich die Hausbesitzer in der Garage oder im Obergeschoß des Hauses befinden. Währenddessen werden aus dem Wohnzimmer sämtlicher Schmuck und alle Uhren entwendet. Von einem Vandalismusschaden spricht man, wenn Einbrecher beispielsweise in einer Wohnung nicht das finden, was sie sich erhofft haben. Sie stehlen zwar nichts, zerstören aber Einrichtungsgegenstände, beschmieren oder verschmutzen Wände, Böden, Türen usw. Eine Beraubung liegt dann vor, wenn versicherte Gegenstände unter Androhung oder Anwendung tätlicher Gewalt gegen die Versicherte entwendet werden. Auch dies ist versichert. Wenn ich beispielsweise gerade beim Geldautomaten Bargeld abgehoben habe und hinter mir bedroht mich jemand, damit ich das Geld sofort hergebe, wäre das ein Beraubungsschaden.

Glasbruch: In diesem Bereich sind z. B. Schäden an Möbelverglasungen versichert. In vielen Verträgen sind mittlerweile Aquarien oder Terrarien standardmäßig berücksichtigt.

Susis Praxistipp

Achte bei Aquarien und Terrarien unbedingt auf die Größe, meist gibt es hier nämlich Limits. Auch der Inhalt dieser Behältnisse ist bei vielen Anbietern bereits geregelt. Bei teuren Fischzüchtungen bzw. Meerwasseraquarien kann ein Bruchschaden ins Geld gehen.

Kühlgut: Sogar die Fischstäbchen und die Salamipizza im Gefrierschrank sind bei den meisten Produkten heutzutage standardmäßig dabei. Sicherlich kein existenzgefährdendes Risiko, aber aus eigener Erfahrung (nach einem Stromausfall) kann ich sagen, es ist erstaunlich, welche Werte wir im Tiefkühlschrank bunkern, selbst wenn dieser nicht nur mit Shrimps gefüllt ist. Allein der Magnum-Vorrat meiner Familie hat einen Gutteil unseres seinerzeitigen Schadens ausgemacht. Ich wäre stolzer gewesen, hätten wir gleich viele Spinatpackungen wie Cornettos zum Zeitpunkt des Stromausfalls vorrätig gehabt.

Privat- und Sporthaftpflicht: Sie bildet in Österreich einen fixen Bestandteil der Haushaltversicherung, daher sei sie hier vollständigkeitshalber erwähnt. Sie deckt jene Personen- und Sachschäden, die der Versicherte jemand anderem zufügt, und leistet somit immer nur Dritten gegenüber, niemals gegenüber dem Versicherten. Zu diesem Baustein kommen wir im Kapitel Recht & Sicherheit noch im Detail.

Katastrophendeckung (z. B. Erdbeben, Hochwasser): Dieser Bereich ist in nahezu allen Produkten mittlerweile fixer Bestandteil. Die Summe kann aber variieren. Aufgrund der vielen Unwetter der letzten Jahre haben die Versicherungshäuser die hierfür vorgesehenen Versicherungssummen massiv heruntergefahren und decken heute in der Standardausführung nur noch geringe Beträge (die im Ernstfall nur ein Tropfen auf dem heißen Stein sind). Willst du hier umfassenden Schutz, musst du diesen extra beantragen und eine nicht unerhebliche Mehrprämie akzeptieren.

Susis Praxistipp

Auch wenn deine Wohnstätte nicht von Lawinen oder Muren bedroht ist, das Thema Erdbeben kann alle treffen, auch im urbanen Raum. Es ist also sinnvoll, hier die Versicherungssummen höher anzusetzen.

Was ist in der Haushaltversicherung nicht versichert?
Hier kann ich nur auszugsweise aufzählen, welche Schäden nicht übernommen werden. Ich habe dafür ein paar Fälle gesammelt, die immer wieder Anlass für Diskussionen sind, da sie in den Köpfen vieler Versicherungskundinnen als ohnehin versichert abgespeichert sind. Was hier folgt, ist also eine willkürliche und nicht vollständige Auflistung.

Aufgrund der Vielfalt an Versicherungsprodukten, die es heute am Markt gibt, wird es immer wieder vorkommen, dass standardmäßig nicht versicherte Gefahren beim einen oder anderen Anbieter sehr wohl versichert sind. Generell wird jede neue Produktgeneration – gerade in der Sparte Haushalt – um immer mehr Leistungsbausteine aufgestockt. Viele sind für dich vermutlich nicht relevant, aber im Einzelfall kann solch eine Erweiterung darüber entscheiden, ob du nach einem Schadenfall Ersatz bekommst oder nicht.

Viele Kundinnen neigen gerade in der Haushaltversicherung bei Vertragsabschluss dazu, die günstigste Basic-Variante zu wählen. Völlig verständlich, wer zahlt schon gerne mehr als nötig? Man darf dann aber, wenn ein Schaden passiert ist, auch nur eine Basic-Leistung erwarten – im schlimmsten Fall gar keine. Ein gutes Beispiel dafür sind Schlüsselaufsperrkosten: Dieses Goodie bieten manche Versicherer an und zahlen auch dann, wenn kein richtiger Schaden passiert ist, z. B. wenn sich der Kunde versehentlich aus seiner eigenen Wohnung aussperrt. In solchen Fällen ist in manchen Produkten ein geringer Kostenersatz für den Betroffenen vorgesehen.

Fallbeispiel

Erst kürzlich passierte eben dies einer Kundin mit einer – von ihr bewusst so abgeschlossen – sehr spartanischen Haushaltversicherung. Nachdem sie erfahren hatte, dass sie in dieser Angelegenheit kein Geld von der Versicherung erwarten konnte, rief sie mich erbost an, um mich mit dem Umstand zu konfrontieren, dass einer Bekannten erst zwei Wochen zuvor dasselbe passiert sei und deren Haushaltversicherung anstandslos bezahlt habe. In solchen Situationen ist es schwierig, sachlich zu bleiben. Einerseits kann ich nicht die billigste Polizze abschließen und dann erwarten, für jeden erdenklichen Schaden eine Refundierung zu bekommen. Andererseits werden bei Vergleichen mit anderen gerne Äpfel mit Birnen vertauscht. Es werden nur verkürzte Fakten wiedergegeben und der Blick aufs große Ganze wird häufig vergessen. Bei näherer Betrachtung ist der Sachverhalt meist komplexer. In diesem Fall verglich die Kundin eine Basic-Variante mit einem Premiumprodukt. Klar, dass es da Unterschiede in der Leistung gibt. Als ich ihr vorrechnete, was sie sich im Gegenzug all die Jahre an Prämie erspart hatte, war der Schmerz über den nicht erstatteten Kostenbeitrag von 140 Euro (den ihre Freundin von ihrer Versicherung erhalten hatte) nicht mehr so groß. Vergleichen ist immer schlau und legitim, aber wenn, sollten Äpfel mit Äpfeln verglichen und die Birnen im Obstkorb gelassen werden.

Was ist noch alles nicht versichert?

Geschäftseinrichtung, -gelder: Hier gibt es bereits viele Anbieter, die – zumindest in kleinem Umfang – auch Büroeinrichtung für gewerbliche Nutzung inkludieren. Sobald du aber Maschinen, Geräte, Handelswaren und Geschäftsgelder zu Hause aufbewahrst, solltest du die entsprechende Deckung unbedingt individuell abklären. Dies gilt in der Versicherungswelt übrigens immer: Es wird streng unterschieden, ob du Konsument oder Unternehmerin bist. Also auch, wenn du als Ein-Personen-Unternehmerin ein Minibüro im Wohnzimmer hast, ist das versicherungstechnisch relevant und gehört abgeklärt.

Taschendiebstähle: Taschendiebstähle stellen ein häufiges Ärgernis dar, sind aber leider nicht versichert.

Diebstahl durch Mitbewohner: Obwohl diese Art des Diebstahls z. B. für Wohngemeinschaften relevant sein kann, werden Schäden daraus nicht versichert. *Schmuck, Geldeswerte etc.:* Sie sind nur bis zu einem bestimmten Grenzwert versichert. Hier ist auch entscheidend, wo die Sachen aufbewahrt wurden. Dabei wird unterschieden, ob jemand beispielsweise einen 100-kg-Tresor zur Verwahrung der Wertgegenstände verwendet oder ob er alles in der frei zugänglichen Schmuckschatulle im Badezimmer bunkert. Je nachdem gibt es unterschiedliche Maximalbeträge.

Autos, Anhänger, Boote: Diese sind standardmäßig nicht versichert, einige Anbieter bieten dafür aber z. B. Schutz im Rahmen der Feuerversicherung.

Glasbruch an Waschmuscheln, Hohlgläsern (z. B. Lampen, Vasen) etc.: Diese sind nicht versichert, weil es sich hierbei nicht um Flachgläser handelt, die wiederum in der Glasbruchversicherung inkludiert sind.

Eigenschäden: Eigenschäden sind ebenfalls vom Leistungsumfang ausgenommen. Das sollte man wissen, denn viele Kundinnen missverstehen die Haushaltversicherung als Vollkaskoversicherung für jeden denkbaren Schaden (Anfragen à la »Ich habe meinen Fernseher versehentlich umgestoßen!« sind keine Seltenheit).

Welche Verpflichtungen hast du als Kunde?

Im Versicherungsfachjargon nennt man dies Obliegenheiten. Diese sind ganz genau in den Versicherungsbedingungen beschrieben (das sind die vielen Seiten, die man mit der Polizze ausgehändigt bekommt und die sich die wenigsten durchlesen). Dazu gehören z. B. folgende Verpflichtungen:

- Die Türen und Fenster sind stets ordnungsgemäß zu verschließen, wenn alle Personen die Wohnung verlassen.
- Wenn das Gebäude (in manchen Bedingungen steht sogar die Wohneinheit!) für einen längeren Zeitraum als 72 Stunden verlas-

sen wird, sind alle Wasserleitungen zu sperren (besonders wichtig!) - im Fachjargon nennen wir das die »72-Stunden-Klausel«.

- (Mauer-)Safes sind ordnungsgemäß und von einer Fachfirma zu montieren bzw. einzumauern (dazu braucht es ein eigenes Montage-Attest).
- Es muss alles unternommen werden, um einen Schadenfall zu verhindern oder zu mindern.
- Eine Schadenmeldung ist unverzüglich zu machen/Einbrüche sind unverzüglich der nächsten Polizeidienststelle anzuzeigen.
- Der Versicherte hat die Verpflichtung, bei der Aufklärung des Schadens zu unterstützen (z. B. Fotos anfertigen).

Es gibt in jeder Sparte spezifische Verpflichtungen für die Versicherungskundin. Diese sind entscheidend für die Auszahlung oder Nichtauszahlung im Schadenfall, deswegen ist es sehr wichtig, sie zu kennen. Leider wird bei Versicherungsberatungen auf diesen Bereich oft nicht ausreichend eingegangen. Wenn neue Kunden zu uns kommen, haben diese davor in den seltensten Fällen etwas von der zuvor beschriebenen 72-Stunden-Klausel gehört. Und es kann wirklich böse enden, wenn man sich nicht an die Vorschrift hält.

Das solltest du rund um die Haushaltversicherung wissen:

Nice2Know

Wann brauchst du eine Haushaltversicherung?

Völlig egal, ob du in einer Miet-, Eigentums- oder Genossenschaftswohnung lebst, dieser Schutz ist unumgänglich. Allein die hier mitversicherte Privathaftpflichtversicherung gehört zu jenen Absicherungen, die jeder Mensch haben sollte. Du brauchst sie, weil eine kleine Unachtsamkeit existenzbedrohliche Auswirkungen auf dich und deine Familie haben kann.

Darfst du zu Schaden gekommene Gegenstände neu anschaffen?

Diesbezüglich gibt es einen weitverbreiteten Irrglauben, da viele denken, wenn mein alter Tisch ein Raub der Flammen wird, habe ich nur Anspruch auf einen anderen alten Tisch. Nachdem es realistisch gesehen nur schwer möglich ist, einen dreizehn Jahre alten IKEA-Wohnzimmertisch in genau dem gleichen Abnutzungszustand am Gebrauchtmarkt zu bekommen, steht dir ein gleichwertiger Ersatz (oft orientiert man sich am Nachfolgemodell) - aber eben auf aktueller Preisbasis - zu.

Das kann bei Elektrogeräten eine Besserstellung bedeuten. Stell dir einen Laptop vor, den du vor mehreren Jahren gekauft hast. Du warst immer zufrieden damit, heute ist das gute Stück im Vergleich zu den neuen Geräten am Markt aber nur noch ein Low Performer. Trotzdem darfst du dir nach einem Einbruch und dessen Abhandenkommen ein Neugerät besorgen, das technisch vermutlich weit ausgereifter ist als dein altes. Der Grund dafür liegt darin, dass du einen Laptop in der gleichen Konfiguration wie vor sieben Jahren heute gar nicht mehr bekommst.

Um es nochmals zu wiederholen: Du bekommst in der Haushaltversicherung immer den Neuwert einer Sache ersetzt. Hier gilt die Regel »in gleicher Art und Güte«. Hattest du also ein IKEA-KIVIK-Sofa, kannst du nach einem Schadenfall deinem Haushaltversicherer keine Minotti-Couch unterjubeln - auch wenn böse Zungen sagen, rein optisch sei da nicht viel Unterschied.

Problemfälle: Dachboden, Keller, Abstellräume etc.
Hier gibt es bei den meisten Anbietern Einschränkungen im Versicherungsschutz. Häufig wirst du in deinen Bedingungen eine Definition für Keller- und Bodenkram finden, die unter anderem folgende Gegenstände umfasst: Möbel, Werkzeuge, Stellagen, Fahrräder, Kraftfahrzeugzubehör, Reise- und Sportutensilien, Schlauchboote, Wäsche, Lebensmittel, Wirtschaftsvorräte, Kühl- und Waschgeräte, Gartengeräte, Heizmaterial etc. In den meisten Bedingungen ist für den klassischen Bodenkram nur eine eingeschränkte Versicherungssumme vorgesehen bzw. es wird hierfür kein Neuwert ersetzt. Keinesfalls sind in diesem Bereich Wertgegenstände, Schmuck oder Geld versichert.

Wichtig ist, hier zu wissen, dass du in Mehrfamilienwohnhäusern dein Kellerabteil stets ordnungsgemäß verschließen musst. Wo ebenfalls häufig Stolpersteine lauern, sind gemeinschaftlich genutzte Fahrradräume. Wenn du hier dein Fahrrad einfach abstellst, ohne es nochmals dezidiert zu sichern, schaust du bei einem Diebstahl leider durch die Finger. Mit solchen Fällen beschäftigen wir uns mehrmals pro Jahr und daher appelliere ich an die Kunden, Fahrräder immer ordentlich zu verwahren und beim Fahrradschloss nicht zu sparen.

Außenversicherung
Die Außenversicherung ist ein praktischer Zusatz, der sich heute in nahezu allen Haushaltversicherungsverträgen findet. Damit ist ein bestimmter Prozentsatz der Versicherungssumme (meist zehn bis zwanzig Prozent) auch außerhalb der versicherten Wohnung mitversichert. Sollte also dein Kind im Ausland studieren, können bestimmte Versicherungsfälle auch im Ausland gedeckt sein. Bitte kläre aber im Vorfeld ab, ob Aufenthaltsdauer und -ort im Vertrag beinhaltet sind. Dieser Schutz gilt auch, wenn du selbst mit der Familie

auf Urlaub fährst. Für einen Einbruch am Urlaubsort gelten allerdings die gleichen Voraussetzungen wie daheim (z. B. keine offene Terrassentüre).

Spezialfall Fahrräder

Wenn du dich fragst, mit welchen Schäden wir am häufigsten in unserer Kanzlei zu tun haben, so sind es ganz klar die Fahrraddiebstähle. Ob auf offener Straße, aus dem Stiegenhaus oder dem gemeinschaftlichen Fahrradabstellraum – die Anzahl der gestohlenen Fahrräder nimmt nicht ab.

Versicherungstechnisch sind solche Diebstähle relativ klar geregelt, denn in 99 Prozent der Bedingungen steht, dass Fahrräder nur dann versichert sind, wenn sie in den eigenen Räumlichkeiten oder zumindest am Versicherungsgrundstück gestohlen werden. Das wäre z. B. der Innenhof eines Mehrfamilienwohnhauses oder das Stiegenhaus. Auch hier gilt: Das Fahrrad muss mit einem Fahrradschloss ordnungsgemäß gesichert worden sein. Diese Angabe ist auch beim Polizeiprotokoll wesentlich. Vergisst man beispielsweise, dies gleich anzugeben (Polizeibeamte fragen bei der Anzeigenaufnahme immer konkret danach), kann das später nicht mehr korrigiert werden und die Ablehnung der Versicherung ist so gut wie sicher.

In Bezug auf die Auszahlung gibt es für Fahrräder ebenfalls sehr unterschiedliche Versicherungssummen. Gute Produkte decken um die 2.000 Euro. Es gibt jedoch mittlerweile viele Fahrräder, allen voran E-Bikes, aber auch hochwertige Mountain- oder Rennbikes, die weitaus mehr kosten. Hier empfiehlt es sich, entweder gleich eine eigene Fahrradversicherung abzuschließen (dazu später mehr) oder das teure Gefährt immer in den Wohnräumlichkeiten aufzubewahren.

Einer der hartnäckigsten Versicherungsmythen betrifft den Fahrraddiebstahl außerhalb des Wohnortes. Viele glauben nämlich, dass ihr Fahrrad immer versichert ist, egal wo es sich gerade befindet. Dem ist aber nicht so. Wenn ich meinen Drahtesel am Stephansplatz in Wien an einen Laternenmast schließe und eine Stunde später hängt dort nur noch mein durchtrenntes Fahrradschloss, habe ich Pech gehabt. Auch in so einem Fall würde lediglich eine eigene Fahrradversicherung Schutz bieten.

Achtung bei Umzug!

Wenn du innerhalb Österreichs deine Wohnung wechselst, hast du deinen Wohnungsinhalt auch während des Umzuges in eine neue Wohnung mitversichert. Den Wohnungswechsel solltest du unbedingt schriftlich deinem Haushaltversicherer mitteilen. Bei einem Wohnungswechsel hast du zudem die Möglichkeit, deinen Vertrag zu kündigen oder an die neue Adresse mitzunehmen.

Was hat es mit den Nebenkosten auf sich?

Wenn du das Angebot oder deine Polizze durchliest, wirst du (auch in anderen Sparten) öfters auf den Begriff »Nebenkosten« stoßen. Diese klingen im ersten Moment vielleicht unbedeutend, können sich aber im Ernstfall als wichtig erweisen. Die angegebene Höhe ist meist ein Prozentsatz deiner Versicherungssumme. Bis zu diesem Betrag leistet die Versicherung somit maximal im Schadenfall.

Wir unterscheiden folgende Arten:

- **Aufräumkosten:** Wie der Name schon sagt, sind damit sämtliche Aufräumarbeiten nach einem Schadenfall gemeint. Stell dir eine völlig durchwühlte Wohnungseinrichtung nach einem Einbruch vor. Das Aufräumen kann Stunden dauern und fallweise auch professionelle Hilfe erfordern.
- **Abbruchkosten:** Diese fallen an, wenn nach einem Schadenfall Teile der zu Schaden gekommenen Gebäude zwar stehen geblieben sind, aber entfernt werden müssen, weil sie z. B. halb ver-

kohlt sind und nicht mehr verwendet werden können. Dies betrifft häufig Grundmauern.

- **Bewegungs- und Schutzkosten:** Darunter sind jene Kosten zu verstehen, die anfallen, wenn andere Sachen bewegt oder geschützt werden müssen, weil aufgrund des Schadens Sachen wiederhergestellt oder -beschafft werden müssen. Das klingt kompliziert? Einfaches Beispiel: Eine Küchenzeile wurde durch Wassereintritt beschädigt, der eingebaute Geschirrspüler und der Herd sind unversehrt geblieben. Diese müssen aber ausgebaut und in die neue Küchenzeile eingebaut werden.
- **Entsorgungskosten:** Darunter versteht man die Kosten für Abtransport, Behandlung und Deponierung von Sachen, die durch den Schaden betroffen sind. Dieser Punkt birgt summenmäßig Zündstoff, denn mittlerweile ist nahezu alles separat zu entsorgen, was bei einem Elementarschaden anfällt. Wenn etwas unter Sondermüll fällt, kommen hier noch weitere, erhebliche Mehrkosten hinzu.
- **Reinigungskosten:** Je nach Schadenausmaß werden Reinigungen von den Kunden selbst oder durch Spezialfirmen vorgenommen. Auch das kann ins Geld gehen.

Bargeld, Wertpapiere, Schmuck, Sammlungen etc.

Dieser Punkt birgt enormes Streitpotenzial und wir erleben hier immer wieder Schadenfälle, die man hätte vermeiden können. Wenn wir heute eine neue Haushaltversicherung für eine Kundin durchrechnen, ist die Frage nach besonderen Wertgegenständen obligatorisch. Sehr viele beantworten diese reflexartig mit »Nein«. Die Schatzkiste mit Gold und Diamanten ist im Geiste nämlich immer noch eher im Prinzessinnenschloss aus dem Märchen verankert als bei uns daheim. Die ist aber gar nicht gemeint. Es genügen schon eine oder zwei teure Markenuhren, um die Grenzbeträge, innerhalb derer Schmuck mitversichert ist, zu übersteigen. Dieser Punkt ist jedenfalls ein klassischer Stolperstein, der am Ende des Tages zu viel Ärger und Enttäuschung führen kann. Wenn es also noch eine Briefmarken- oder Münzsammlung von Opa gibt oder das Perlenkettenerbstück von Oma, gilt es, zu entscheiden, ob einem der Verlust dieser Gegenstände egal wäre oder ob man sie wertmäßig angibt.

Susis Praxistipp

Unbedingt empfehle ich dir, eine simple Inventarliste für Schmuck etc. anzufertigen. Fotos helfen im Nachhinein ungemein, den Wert einer Sache festzusetzen. Das gilt ebenso für Bilder, Kunst, Antiquitäten, wertvolle Möbel etc. Meine Faustregel lautet: Alles, was einen höheren Einzelwert als 4.000 Euro hat, sollte mit einem Foto in einer Liste dokumentiert sein.

Du kannst mir dank meiner jahrzehntelangen Erfahrung glauben: Nichts ist schwieriger zu beweisen, als dass etwas da war, das jetzt weg ist. Sachverständige können nach einem Einbruchschaden viel zügiger und genauer arbeiten, wenn die Betroffenen Bildmaterial zur Verfügung stellen können. So werden die Schadenleistungen viel schneller ermittelt und letztlich an dich als Geschädigten ausbezahlt.

Tresore

Viele Kundinnen gehen heutzutage in den Baumarkt, kaufen sich dort einen Möbeltresor und glauben, dass sie damit alle Anforderungen an einen ordentlichen Tresor erfüllt haben. Leider nein. Wenn wir aus versicherungstechnischer Sicht von Tresoren sprechen, meinen wir richtige Geldschränke mit 100 oder 250 Kilogramm Eigengewicht. Diese haben stets eine eigene Prüfplakette, auf der ihre Sicherheitsklasse ausgewiesen ist. Diese Sicherheitsklasse bestimmt, bis zu welcher Versicherungssumme darin Wertgegenstände, Geld etc. aufbewahrt werden dürfen. Wichtig ist außerdem, dass diese Geldschränke von einer Fachfirma montiert werden müssen, um die korrekte Beschaffenheit der Bodenplatten und die richtige Länge der Montageschrauben zu gewährleisten. Wenn man eine derartige Investition tätigt, sollte man auch die Montage in die Hände von Fachleuten legen. Diese Bestimmung ist nicht zum Ärgern der Kunden da. Es ist nämlich schon vorgekommen, dass komplette Tresore weggeschafft wurden. In solch einem Fall lebt es sich bei Weitem entspannter, wenn man hinterher ein Montageprotokoll vorweisen kann.

Wie ermittelst du die richtige Versicherungssumme?

Die Versicherungssumme sagt aus, bis zu welchem Maximalbetrag deine Haushaltversicherung eine Leistung erbringt. Das kann sich als heikler Punkt erweisen, denn in der Versicherungswelt ist die Gefahr der sogenannten Unterversicherung allgegenwärtig. Das bedeutet, dass die gewählte Versicherungssumme niedriger ist als der tatsächliche Wert deiner versicherten Sachen. Die unangenehme Folge davon ist, dass ein Schaden im gleichen Verhältnis bezahlt wird wie die Unterversicherung, die zum Zeitpunkt des Schadens bestanden hat. Dreißig Prozent unterversichert bedeutet somit minus dreißig Prozent Leistung im Schadenfall. Aber keine Sorge, dafür gibt es einen Ausweg, zu dem ich gleich komme.

Es gibt drei Möglichkeiten, die Versicherungssumme zu bestimmen:

Zunächst gibt es die *Option der frei wählbaren Summe.* Hier sagst du selbst, was dein Wohnungsinhalt wert ist.

Diese Form ist heute eher unüblich, da sie für dich als Kundin die Gefahr der Unterversicherung birgt. Der Aufwand, vom Kochtopf bis zum T-Shirt eine Schätzung deines kompletten Hab und Guts auf Basis des Neukaufwerts zu machen, ist immens und das tut sich heute niemand mehr an. Auch läuft man Gefahr, bei jeder größeren Neuanschaffung die Werte neu anpassen zu müssen. Daher ist man seitens der Versicherungen von dieser Methode mittlerweile abgekommen und verwendet sie heute nur noch für absolute Basic-Versicherungen (z. B. ein Vermieter möchte in seiner zu vermietenden Wohnung lediglich die Küche mit 15.000 Euro versichern).

Die zweite Möglichkeit ist die *m²-Methode*. Hier zieht jeder Versicherer einen Durchschnittswert pro Quadratmeter heran (der wiederum von Gesellschaft zu Gesellschaft variiert), der dann mit der jeweiligen m²-Anzahl der zu versichernden Wohnung multipliziert wird. Daraus ergibt sich eine Versicherungssumme, die sehr unterschiedlich ausfallen kann. Manche Versicherungen fragen hier zusätzlich nach der Ausstattungskategorie und multiplizieren bei einer »exklusiven« Ausstattung mit einem höheren Wert pro m², als wenn man als Ausstattungskategorie »einfach« angibt. Der große Vorteil dieser Variante: Das Thema Unterversicherung kann hier nicht angewendet werden, weswegen hier weitaus mehr Sicherheit geboten wird als in Methode 1. Trotzdem gilt, dass dir deine Versicherung auch bei dieser Variante niemals mehr bezahlt als die Versicherungssumme, die in der Polizze für den Wohnungsinhalt ausgewiesen ist.

Zu guter Letzt gibt es noch die *Prozentmethode*. Diese wird bei Einfamilienhäusern angewendet und die Grundregel lautet oft: »Vierzig Prozent vom Gebäudewert sind für den Wohnungsinhalt versichert.« Auch hier gilt der Unterversicherungsverzicht als vereinbart.

Bei den Methoden 2 und 3 kannst du immer die Versicherungssumme erhöhen, wenn dir der Betrag zu gering erscheint. Sobald du Schmuck, Wertgegenstände etc. besitzt, rate ich dir, diese Werte immer zu den standardmäßig ermittelten Summen hinzuzurechnen. Die m^2-Werte basieren immerhin auf dem Wohnungsinhalt einer österreichischen Durchschnittsfamilie. Da sind solche Extras nicht eingepreist und daher separat zu berücksichtigen, damit am Ende des Tages die Summe stimmt.

Wohnsituationen sind sehr unterschiedlich. Allein das Vorhandensein eines hochpreisigen Flügels kann den Versicherungswert einer ganzen Wohnung verdoppeln. Daher gilt es, stets die individuellen Umstände zu berücksichtigen und sich nicht blind auf die Berechnungen irgendwelcher Programme zu verlassen. Jede Wohnung ist anders und dementsprechend muss man auch die Versicherung dafür gestalten.

Ein weiterer Umstand, der für die Berechnung der korrekten Versicherungssumme von Bedeutung ist, ist die Frage, ob ein Objekt bewohnt ist oder nicht. Ausschlaggebend ist, ob du mindestens 270 Tage im Jahr in deiner Wohnung bzw. in deinem Haus lebst. Und damit ist nicht gemeint, tagsüber mal schnell zum Blumengießen oder Katzenstreicheln vorbeizuschauen. Vielmehr muss dezidiert jemand dort leben und übernachten, nur dann gilt das Kriterium als erfüllt. Wenn dies nicht zutrifft, kommt ein Zuschlag zum Tragen. Oft wird zusätzlich noch gefragt, ob du innerhalb des Ortsgebietes oder in der Peripherie lebst. All das bestimmt am Ende des Tages deine Prämie. Anknüpfend an den vorigen Punkt wird auch immer danach gefragt, ob deine Wohnung oder dein Haus mit bestimmten Sicherungen ausgestattet ist. Das können Gitter vor den Fenstern sein oder auch Alarmanlagen.

Susis Praxistipp

Es lohnt sich nicht, die Alarmanlage bei deinem Versicherer anzugeben. Du bekommst dafür zwar einen geringen Prämiennachlass, im Gegenzug hast du jedoch die Auflage, dass du die Alarmanlage immer einschaltest, sobald du das Haus verlässt, und auch regelmäßig und nachweislich von einer Fachfirma warten lässt. Die meisten Kunden machen das nicht. Daher kann ich davon nur abraten, wenn du im Schadenfall nicht mit diesen Problemen kämpfen willst.

Yes, grobe Fahrlässigkeit ist versicherbar!

Klingt sonderbar, ist aber so: Seit einigen Jahren ist es Standard, diesen Baustein im Rahmen einer Haushaltversicherung mitzuversichern. Sehr oft ist genau dieser Umstand der Grund, dass man alte Verträge auf neue Bedingungen umstellt, weil zum Zeitpunkt des Abschlusses diese Möglichkeit noch im Reich des Unvorstellbaren lag.

Das klassische Schadenbeispiel für grobe Fahrlässigkeit ist die unbeaufsichtigte brennende Kerze (oder zur Weihnachtszeit gerne auch der Adventkranz) im Zimmer. Sobald du den Raum verlässt, handelst du in dieser Situation nämlich schon grob fahrlässig und ein daraus entstehender Schaden wäre ohne Zusatzbaustein nicht in der Haushaltversicherung inkludiert. Ebenso argumentiert die Versicherung, wenn du eine Bratpfanne unbeabsichtigt auf dem Herd stehen lässt und die Küche danach ein Raub der Flammen wird. Auch hier würde man im Schadenfall grobe Fahrlässigkeit ansetzen und dich auf deinem Schaden sitzen lassen – es sei denn, du hast diesen Zusatzbaustein dabei. Dann kann die Versicherung keine derartigen Einwände vorbringen. Selbstverständlich ist das aber kein Freibrief, jegliche Sorgfaltspflicht zu vergessen. Wichtig ist außerdem: Von der Verpflichtung, seinen Obliegenheiten (du bist jetzt schon so gut eingelesen, da kann ich dich mit ein paar Fachbegriffen konfrontieren) nachzukommen, kann man sich damit nicht freikaufen. Also bitte auch weiterhin Fenster schließen und Türen versperren, wenn du deine Wohnung verlässt.

Sowohl Kolleginnen als auch wir in unserer Kanzlei haben festgestellt, dass der Einwand der groben Fahrlässigkeit seitens der Versicherungsgesellschaften im Schadenfall häufiger auftritt, seit es möglich ist, diesen Baustein mitzuversichern. Dies kann aber auch nur ein Zufall sein.

Susis Praxistipp

Keine Haushaltversicherung mehr ohne diesen Baustein! Er kostet nur geringfügig mehr, nimmt der Versicherung im Falle eines Schadens aber einiges an Möglichkeiten, sich aus dem Fall herauszuwinden. Altverträge sollten unbedingt auch darauf geprüft und gegebenenfalls aufgerüstet werden.

Haustiere – Mitversichert oder nicht?

Die meisten Haustiere sind automatisch in deiner Haushaltversicherung inkludiert. Das betrifft sämtliche Kleintiere wie Hamster, Hasen, Meerschweinchen, Ratten, Schildkröten und Vögel. Aber auch Katzen musst du nicht extra in der Polizze anführen lassen. Bei Hunden sieht die Sache etwas anders aus, da es einerseits Produkte gibt, bei denen der Hund automatisch mitversichert ist (und in denen daher keine Extraprämie dafür verrechnet wird), und andererseits Produkte, wo du diesen Zusatz dazukaufen musst. Die meisten Versicherer verlangen Namen und Rasse deines Hundes, damit im Schadenfall eine klare Zuordnung erfolgen kann.

Fallbeispiel

Dass Hunde ein Business- wie auch ein Privatleben haben, wusste ich bis vor Kurzem nicht. Ein Unternehmerkunde von mir hat zum Bewachen seines Firmengeländes seit Jahren zwei Doggen. Dieses Duo wirkt definitiv besser als mehrere muskelbepackte Security-Männer. In all den Jahren gab es keinen einzigen versuchten Einbruch. Eines Tages besuchte mein Kunde mit einem der Wachhunde, Hasso, seine Schwester in deren Haus mit Garten. Während die Familie eine gemütliche Kaffeejause einnahm, machte sich Hasso draußen im Garten an der Poolabdeckung zu schaffen. Es war ihm vermutlich sehr langweilig und er hatte viel Zeit. Bei Kindern wie Tieren eine unglückliche Kombination. Daher sah die Abdeckung am Ende des Besuches nicht mehr so gut aus. Wie sich später herausstellte, konnte man sie nicht mehr reparieren. Hasso war der Einzige, der daran Spaß hatte. Sein Herrchen machte pflichtbewusst eine Schadenmeldung bei uns und sah den Fall als erledigt an. Doch weit gefehlt! Die Versicherung wendete nämlich ein, dass es sich hier um einen Firmenhund handelte, der aber in seiner Freizeit den Schaden angerichtet hatte. Zum Glück hatte ich seinerzeit im Antrag mit keinem Wort den Begriff »Betriebshund« verwendet. So musste die Versicherung zähneknirschend in den Schaden eintreten. Immerhin ging es um mehrere Tausend Euro. Was haben wir daraus gelernt? Auch ein Betriebshund hat ein Privatleben und daher gehört er in der Haushaltversicherung des Herrchens zusätzlich genannt (nicht nur im Firmenvertrag).

Auch ein Pferd benötigt immer eine eigene Versicherung und ist nie automatisch inkludiert. Da kann bekanntlich mehr passieren als mit einer Katze. Diese Aussage gilt nicht für alle Katzen, ich weiß.

Mittlerweile sind auch allerhand exotische Tiere in heimischen Räumen zu Hause. In Bezug auf Giftschlangen, Skorpione, Giftspinnen, Giftfrösche oder ähnliche Tiere würde ich zur Sicherheit immer Rücksprache halten und mir das Okay bezüglich der Mitversicherung holen. Immerhin treten im Zusammenhang mit diesen Tieren immer wieder skurrile Vorfälle auf, wie jene Schlange, die in Graz bei ihrem Herrchen aus dem Terrarium ausbüxte und über die Kanalrohre ins WC einer Nachbarwohnung gelangte. Der ahnungslose Bewohner verrichtete dort gerade sein Geschäft und wurde von der Ausreißerin in die Genitalien gebissen.

Die Eigenheimversicherung

Haben wir uns zuvor mit den inneren Werten deines Zuhauses beschäftigt, so geht es jetzt an die äußeren: In diesem Kapitel erfährst du nämlich alles zur Versicherung von Eigenheimen.

Die meisten Anbieter bieten Eigenheimversicherungen für Gebäude an, in denen sich maximal drei Wohneinheiten befinden. Alles, was darüber hinausgeht, gilt versicherungstechnisch nicht mehr als Eigenheim, sondern ist als Mehrfamilienwohnhaus zu berechnen. Derartigen Verträgen liegen gänzlich andere Bedingungen und tarifliche Berechnungen zugrunde. Zu Eigenheimen gehören auch Nebengebäude, die sich auf dem Grundstück befinden (wie Garagen, Schuppen), die aber extra angegeben werden sollten. Im Begriff »Gebäude« sind Grund- und Kellermauern ebenso inkludiert wie Gas- und Elektroinstallationen sowie Wasserver- und -entsorgungsanlagen.

Viele Punkte, die zuvor im Rahmen der Haushaltversicherung detailliert erläutert wurden, gelten analog für die Gebäudeversicherung. Ich werde in entsprechenden Fällen auf die Punkte des vorigen Kapitels verweisen, um mich nicht unnötig zu wiederholen (und dich damit zu langweilen).

Was ist in der Eigenheimversicherung inkludiert?
Die Eigenheimversicherung ist eine Bündelversicherung, das heißt, mehrere rechtlich selbstständige Verträge sind hier in einem Vertrag zusammengefasst. Dies bedeutet auch, dass es für jede Sparte eigene Bedingungen gibt.

Zunächst soll eine häufig gestellte Frage beantwortet werden: »Muss so eine Versicherung unbedingt sein?« Nein, es gibt keine Verpflichtung, solch einen Vertrag abzuschließen. Eine Ausnahme besteht, wenn du einen Hypothekarkredit laufen hast, dann verlangt die Bank ziemlich sicher eine Vinkulierung. Dies ist eine Bestätigung der Versicherung, wonach sie die Auszahlung nach einem Schadenfall nur nach Zustimmung des Vinkulargläubigers (das ist meist das Kreditinstitut) vornehmen darf. Wenn du eine derartige Vereinbarung hast, dann musst du dein Eigenheim versichern. Achte darauf, dass diese Vinkulierung gelöscht wird, sobald du dein Darlehen zurückgezahlt hast.

Ansonsten gibt es keine Verpflichtung, deine Immobilie zu versichern. Da jedoch viele Menschen ihr komplettes Vermögen in ihr Haus (oder den Kauf einer Wohnung) investieren, muss ich wohl nicht dezidiert darauf hinweisen, dass es absolut sinnvoll ist, dafür auch eine ordentliche Versicherung abzuschließen. Andernfalls könnte jeder größere Schaden den finanziellen Ruin bedeuten. Und letztlich versichern wir uns doch, um genau solche Situationen zu vermeiden.

Im Folgenden werden die einzelnen Sparten erläutert, die in Eigenheimtarifen inkludiert sind. Wenn du solch eine Versicherung abschließt, gibt es nahezu bei allen Anbietern eine Mindestkombination von zwei Sparten. Würde sich jemand also theoretisch nur eine Sturmversicherung für sein Haus wünschen, wird das allein nicht versicherbar sein. Wie schon zuvor erwähnt, sollte man jedoch gerade bei der Eigenheimversicherung nicht den Sparstift ansetzen. Es geht um die eigene Existenz und um zu viel Geld, als dass es sich lohnen würde, sich diese Jahresprämie zu ersparen.

Susis Praxistipp

Schließe die Haushalt- und Eigenheimversicherung stets beim gleichen Versicherer ab. Bei so manchem Schaden ergibt sich die Frage: »Ist das noch in der Sparte Haushalt oder schon im Bereich Eigenheim versichert?« Diese Diskussion, wer nun wofür zuständig ist, kannst du dir sparen, indem du alles in eine Hand gibst. Die Versicherung darf sich in so einem Fall überlegen, ob sie den Schaden aus der linken oder rechten Tasche zahlt. In Summe spart dir diese Vorgehensweise viel Zeit und Nerven und ist zigfach praxiserprobt.

Die wichtigsten Sparten der Eigenheimversicherung

Feuer: Auch beim Gebäude sind Schäden infolge von Brand, Blitzschlag und Explosion abgedeckt.

Susis Praxistipp

Wenn du einen Kachelofen besitzt, solltest du unbedingt den Baustein »Verpuffung« in deine Eigenheimversicherung integrieren. Ich habe solch eine Verpuffung bereits zweimal live miterlebt. Einmal in meiner früheren Wohnung in Wien: Da gab es einen dumpfen Knall und mein Kachelofen war danach komplett neu aufzusetzen, da er Risse hatte und nicht mehr dicht war. Dies wurde damals über die Gebäudeversicherung bezahlt (da der Kachelofen nicht als Wohnungsinhalt gezählt wird). Erst kürzlich ist das erneut in unserem Wochenendhaus passiert. Dabei hat die Verpuffung sogar den Kamindeckel abgehoben (für einen Sekundenbruchteil). Auch hier musste der Hafner umfangreich sanieren. Beides waren sehr kostspielige Reparaturen im vierstelligen Bereich.

Sturmschaden: Diese Sparte ist für Gebäude gerade in Zeiten immer häufigerer und intensiverer Stürme sehr wichtig. Nachdem hier neben Stürmen (mindestens 60 km/h) auch Hagel und Schneedruck beinhaltet sind, ist das Leistungsspektrum recht groß. In den letzten Jahren ist es immer wieder passiert, dass punktuell extrem starker Hagel niederging und eine Spur der Verwüstung zurückließ. Ich kenne neu errichtete Wohnhäuser, die eine Woche zuvor bezogen wurden und nach so einem Hagelfiasko wie ein Emmentaler Käse aussahen.

Es wird für die meisten Eigenheimbesitzer nicht zutreffen, aber es sei an dieser Stelle der Vollständigkeit halber erwähnt: Wenn das Dach eines Gebäudes zum Zeitpunkt des Schadeneintritts in einem sehr desolaten Zustand war,

z. B. einzelne Dachschindeln gefehlt haben, dann darf die Versicherung die Leistung verweigern oder reduzieren. Du bist nämlich verpflichtet, dein Haus in Schuss zu halten, und darfst nicht darauf hoffen, dass der nächste Sturm ein paar Schindeln wegreißt und danach deine Eigenheimversicherung dir die längst fällige Dachsanierung bezahlt. Solch eine Denkweise ist in keiner Versicherungssparte vorgesehen.

Susis Praxistipp

Wenn Stürme konzentriert auftreten, sind Versicherungen in den Wochen danach erfahrungsgemäß hoffnungslos überfordert, alle daraus entstandenen Schäden zu besichtigen. Es hilft daher sehr, wenn man Fotos vom Schaden anfertigt. Dann kannst du auch – z. B. wenn Gefahr in Verzug ist – deinen Dachdecker mit der Schadenbehebung beauftragen, noch bevor die Versicherung den Schaden besichtigt hat. Halte die Schadenabteilung bzw. deine Versicherungsmaklerin (die den Schaden ja meist für dich abwickelt) aber auf dem Laufenden, damit es im Nachhinein nicht heißt, du hättest der Versicherung keine Chance gegeben, sich selbst ein Bild von der Sache zu machen. Je nachdem, wie gut der Schaden vom Boden aus fotografierbar ist, sollte der Handwerker von oben zusätzliche Fotos machen. Es sollte klar dokumentiert werden, wie der Schaden vor Inangriffnahme der Arbeiten aussah und wie die Reparatur erfolgt ist. In Zeiten der Handyfotografie ist das in der Praxis kein echtes Problem. Oft wird die Fotodokumentation aber schlichtweg vergessen und auch nicht jeder Dachdecker denkt daran, bevor er in luftiger Höhe seiner Arbeit nachgeht.

Immer wieder sind wir mit dem Thema der optischen Schäden nach einem Hagelschaden (der ja zur Kategorie Sturm gehört) konfrontiert. Dies ist z. B. der Fall, wenn die Außenjalousien beim Haus kräftige Dellen abbekommen haben, aber ansonsten noch funktionstüchtig sind. Auch hierfür gibt es in guten Produkten mittlerweile eine Möglichkeit der Deckung. Wenn diese nicht vereinbart wurde, argumentiert die Versicherung, dass rein optische Schäden kein Versicherungsfall sind und es somit keine Leistung gibt.

Susis Praxistipp

Wenn du deiner Versicherung einen Sturmschaden meldest, ist es immens wichtig, dass das korrekte Schadendatum genannt wird. Ein nachträgliches Korrigieren ist nicht möglich. Hier entscheidet die Rückfrage der Versicherung bei der Zentralanstalt für Meteorologie (ZAMG), ob z. B. am 01.06. um 18:00 Uhr tatsächlich genau über deinem Haus ein Sturm mit mindestens 60 km/h gewütet hat. Wenn das nicht bestätigt wird, bekommst du eine Absage aus der Schadenabteilung.

Wenn du zum Schadenzeitpunkt auf Urlaub warst oder auch bei Zweitwohnsitzen, rate ich immer, das Schadendatum lediglich zeitlich einzugrenzen und sich nicht zur Nennung eines konkreten Datums hinreißen zu lassen. Es ist legitim, zu sagen, dass der Schaden im Zeitraum von … bis … passiert sein muss und man dazwischen nicht vor Ort war und infolgedessen keine Datumsangabe machen kann. Ich habe es schon selbst erlebt, dass hier Kunden (über direkte Kontaktaufnahme – also durch bewusstes Umgehen unseres Büros) von Schadenbearbeiterinnen bedrängt wurden, daraufhin irgendein wahrscheinliches Datum nannten und schließlich eine Ablehnung ihres Schadens erhielten. Denn leider war am genannten Tag in der Gegend kein Sturm von der ZAMG nachweisbar. Diese Vorgehensweise ist unseriös und daher wünsche ich keinerlei direkte Kontaktaufnahme von Versicherungsgesellschaften mit meinen Kundinnen. Trotz allem kann ich nicht garantieren, dass das nicht manchmal probiert wird. Kunden, die nicht ordentlich betreut werden, können in so einer Situation leicht um ihre Leistung gebracht werden.

Leitungswasser: Wir haben bei unserem Haus ein Eichhörnchen namens Puscheline, das jeden Tag zum Fressen kommt. Wir legen ihm Nüsse bereit, die es dann schnappt und vergräbt. Seine Hoffnung ist es, in schlechten Zeiten zu wissen, wo die Nüsschen vergraben sind. Wenn ich von Leitungswasserversicherungen spreche, empfehle ich meinen Kundinnen auch immer, ähnlich viele Vorräte in Form von hilfreichen Zusatzklauseln anzulegen. Es kommt der Tag, an dem du eine Leitungswasserzusatzdeckung benötigst und wissen solltest, wo du sie findest. Leitungswasserschäden können mitunter sehr tückisch sein – und oft ebenso teuer.

Generell sind in dieser Sparte Schäden am Gebäude versichert, wenn Wasser aus Zu- und Ableitungsrohren austritt. Das kann beispielsweise ein Rohrbruch in der Wand sein, verursacht durch ein geplatztes Rohr. Aus eigener Erfahrung kann ich sagen, dass ein Wasserrohrbruch keine angenehme Angelegenheit ist. Dieses Gefühl, wenn du in der Früh durch Wassergeplätscher aufwachst und niemand sich ein morgendliches Bad einlässt, sondern im Erdgeschoß deines Hauses das Wasser wie Monsunregen von der Decke strömt. Ein Alptraum!

Bei Leitungswasserschäden hat man zunächst nur die Behebung des defekten Rohres vor Augen. Aber nach einem solchen Schaden ziehen Trocknungsgeräte in deine Wohnräumlichkeiten ein, oft für einen längeren Zeitraum. In unserem Fall waren das mehr als vier Wochen. Je nach Größe der Geräte lässt die daraus entstehende Lärmbelästigung an Schlafen oder Wohnen oft nicht mehr denken. Wir mussten (mit unserer damals einjährigen Tochter) während dieser Zeit sogar ausziehen. Aber damit nicht genug. Während dieser Trocknungsphase mussten wir trotzdem jeden Tag zurück ins Haus und die Wasserauffangbehältnisse ausleeren. Ich kann dir versichern, auf solch eine Erfahrung möchtest du lieber verzichten.

Ebenso wichtig: Im Bereich Leitungswasser sind standardmäßig auch Verstopfungs- sowie Korrosionsschäden versichert. Meist wirst du in deiner Polizze eine Laufmeterbegrenzung finden (sechs, acht, zehn Meter usw.). Das bedeutet, dass der Rohrersatz mit dieser Zahl begrenzt ist. Es gibt aber auch Verträge, in denen z. B. innerhalb des Gebäudes keinerlei Meterbegrenzung besteht.

Susis Praxistipp

Gerade in der Sparte Leitungswasser gibt es sehr unterschiedliche Versicherungsbedingungen, daher solltest du hier ganz genau vergleichen. Da kann es im Schadenfall gleich um mehrere Tausend Euro gehen, die du ersetzt bekommst oder eben nicht. Das Aufgraben des halben Gartens, um ein Wasserleck zu suchen und danach zu sanieren, hat bei einem Kunden kürzlich rund 15.000 Euro gekostet. Ohne gute Deckung hätte er diese Kosten selbst tragen müssen. Es kann beispielsweise schon einen gewaltigen Unterschied machen, ob du nur im Gebäude die Zu- und Abwasserleitungen gedeckt hast oder auch auf dem Versicherungsgrundstück. Manche Produkte bieten darüber hinaus sogar eine Deckung außerhalb des Grundstücks an.

Glasbruch: Im Gegensatz zu Glasschäden im Rahmen der Haushaltversicherung ist hier die Gebäudeverglasung gemeint. Auch Lichtkuppeln oder Glasdächer sind davon umfasst. Achte hier auf allfällige m^2-Begrenzungen, die bei großen Glasflächen in deinem Haus eventuell zu gering ausfallen könnten. Solltest du eine Photovoltaikanlage auf dem Haus installiert haben, achte darauf, dass auch diese gegen Glasbruch versichert ist.

Haus- und Grundstückshaftpflicht: Der klassische Schadenfall aus dieser Sparte ist ein Passant, der im Winter auf deinem nicht ausreichend geräumten bzw. gestreuten Gehsteig stürzt und danach Schadenersatzansprüche an dich stellt.

In Anbetracht der Tatsache, dass in dieser Sparte viele Personenschäden passieren, sind Versicherungssummen von 3 bis 6 Millionen Euro heutzutage üblich, oft auch mehr. In diesem Zusammenhang sind meist auch Bauherrenhaftpflichtversicherungen mitversichert. Hier solltest du aber immer Rücksprache halten, ob dein Bauvorhaben und die damit verbundene Baukostensumme den Rahmen dieser Zusatzdeckung sprengen. Ist das der Fall, kann ein Schaden (z. B. beim Nachbarn) dramatische finanzielle Folgen haben. Einmal öfter zu fragen, lohnt sich hier allemal.

Sollte dein Heiztank undicht werden, wäre auch dies ein Fall für die Haftpflichtversicherung und durch den Zusatz »Verunreinigung von Gewässern« inkludiert. Und sollte dein Haus Teil einer stillgelegten Landwirtschaft sein, gibt es dafür spezielle Deckungen, die diesen Anforderungen entsprechen.

Susis Praxistipp

Nicht vergessen solltest du Tiere. Bei der Eigenheimversicherung ist bei vielen Anbietern automatisch ein Hund inkludiert. Da gilt es, aufzupassen und diesen Punkt zu hinterfragen. Du darfst nämlich nicht automatisch von einer Mitversicherung ausgehen – du weißt ja mittlerweile: Jede Versicherung kocht ihr eigenes Süppchen. Für mehr Informationen zu Haustieren lies einfach im vorherigen Kapitel zur Haushaltversicherung nach.

Katastrophendeckung (z. B. Erdbeben, Hochwasser): Wie schon bei der Haushaltversicherung erwähnt, wurden die Leistungen in diesem Bereich in den letzten Jahren schadenbedingt stark zurückgefahren. Man muss keine Fachfrau sein, um zu erkennen, dass bei einem eventuellen Hochwasser eine Versicherungssumme von 5.000 Euro für Gebäudeschäden nur ein Tropfen auf den heißen Stein ist. Daher ist es sinnvoll, diese Summe zu erhöhen. In Anbetracht der zugegeben hohen Mehrprämie ist das jedoch nicht für jeden Kunden finanzierbar.

Ob du für dein Haus überhaupt einen Schutz in diesem Bereich bekommst, bestimmt deine Anschrift. Es gibt im Netz die Webseite hora.gv.at, auf der du eine individuelle Einschätzung der Hochwassergefahr für dein Haus durchlaufen kannst. Das Ganze ist nichts anderes als eine Art Wahrscheinlichkeitsrechnung, wann dein Haus statistisch gesehen (wieder) von Hochwasser – und/oder anderen Naturkatastrophen – betroffen sein wird. Diese Möglichkeit hat zur Folge, dass es in richtigen Hochwassergebieten (z. B. Teilen der Wachau) gar nicht mehr möglich ist, einen Versicherungsschutz zu bekommen. Dasselbe gilt für Lawinengebiete etc.

Was ist in der Eigenheimversicherung nicht versichert?

Wenn du schon einmal eine Eigenheimpolizze oder ein Angebot dafür bekommen hast, weißt du, wie umfangreich die entsprechenden Bedingungen sind. Du bekommst mit deinem Vertrag ein halbes Buch ausgefolgt. Obwohl die meisten das erfahrungsgemäß nicht lesen, hat natürlich jeder einzelne Satz als Bedingungswerk für deinen Vertrag Gültigkeit und kann und wird für oder gegen dich verwendet werden. Umso wichtiger ist es daher, als Versicherungsmaklerin immer darauf hinzuweisen, was nicht versichert ist.

Viele der Punkte, die ich im Folgenden anführe, sind in 08/15-Verträgen nicht inkludiert, in Premiumtarifen können sie hingegen enthalten sein:

- Witterungsniederschläge und dadurch bedingter Rückstau,
- Hausschwämme,
- nicht korrekt angegebene Quadratmeteranzahl (z. B. können ein vergessener Keller oder Dachbodenausbau zu einer zu geringen Versicherungssumme für das Gesamtgebäude führen und Unterversicherung zur Folge haben),
- Schwimmbäder (kann man separat hinzuversichern, was man unbedingt tun sollte),
- Stürme unter 60 km/h: Dieser Wert ist in den Tarifen der Sturmversicherungen standardmäßig hinterlegt. Wenn ein Schaden also bei einem 50-km/h-Sturm passiert ist, steht dir keine Leistung zu (außer du hast entsprechende Sonderklauseln vereinbart).

Welche Verpflichtungen hast du als Kunde?

Da sind wir erneut beim Kleingedruckten angelangt, das so oft nach einem Schaden über Leistung oder Nichtleistung entscheidet. Jene Verpflichtungen, die in diesem Kontext im Bereich Haushaltversicherung erwähnt wurden, gelten auch hier. Nochmals möchte ich dich hier eindringlich vor der 72-Stunden-Klausel warnen: Wenn du länger als 72 Stunden dein Haus verlässt, müssen alle wasserführenden Leitungen abgesperrt sein. Im Winter musst du zusätzlich die wasserführenden Leitungen entleeren. Du bist als Versicherungsnehmerin außerdem verpflichtet, die Bausubstanz (z. B. Türen, Fenster, Dach, elektrische und wasserführende Leitungen) laufend instand zu halten. Sollte ein Unwetter nahen, musst du Fenster und Türen schließen. Wenn dein Dach unter Schnee- und Eismassen begraben ist, musst du (in dir zumutbarer Weise) alles tun, um einen Schneedruckschaden zu verhindern.

Ganz generell missfällt es Versicherungen, wenn man sehenden Blickes einen Schaden auf sich zukommen lässt, nichts dagegen tut und sich letztlich – nachdem das Unglück passiert ist – auf eine Versicherungsleistung verlässt.

Das solltest du rund um die Eigenheimversicherung wissen:

Nice2Know

Wann brauchst du eine Eigenheimversicherung?

Gehen wir einmal davon aus, dass in deinem Haus nicht nur viel Geld, sondern auch unzählige Arbeitsstunden von dir selbst und vielleicht auch von deiner Familie, deinen Freunden und Bekannten stecken. Vermutlich handelt es sich um deinen Lebensmittelpunkt, das Zuhause deiner Familie. All das sollte die Antwort auf meine Frage erleichtern. Wie so oft gilt auch hier: Wenn du nicht bereit bist, in deinen Schutz und deine Sicherheit zu investieren, darfst du im Ernstfall auch keine Wunder erwarten.

Nebengebäude sind keine Nebensache

Wenn man sich bei der Eigenheimversicherung so richtig die Finger verbrennen kann, dann hier. Denn jede Versicherungsanstalt behandelt das Thema Nebengebäude anders. Bei manchen gibt es Begrenzungen bezüglich der Größe, die dann wiederum bei jedem Anbieter unterschiedlich ausgelegt werden – manchmal in Bezug auf die Quadratmeter, bei anderen summenmäßig. Manche haben zwanzig Prozent der Versicherungssumme (des Hauptgebäudes) prämienfrei inkludiert, andere wiederum wollen die Nebengebäude ausdrücklich ausgewiesen bekommen.

Auch stelle ich bei unseren Kunden fest, dass immer mehr Menschen ihr Zuhause in wahre Spa-Landschaften umbauen. Die frühere Gartenhütte ist plötzlich einer finnischen Luxussauna gewichen und dort, wo früher der Rasenmäher und ein paar Heckenscheren ihr Dasein fristeten, steht heute ein feudales Designhäuschen mit einem Neubauwert im hohen fünfstelligen Bereich.

Susis Praxistipp

Denke bitte daran, bei solchen oder ähnlichen Neu- oder Umbauten auf deinem Grundstück deiner Versicherung immer Bescheid zu sagen. Es ist besser, du erhältst die Auskunft, diese Nebengebäude seien ohnehin in deinem Vertrag inkludiert, als im Schadenfall aufgeklärt zu werden, dass du früher eine Meldung hättest machen müssen, und daher durch die Finger zu schauen. Auch für uns Versicherungsmaklerinnen ist so eine Situation immer schwierig. Im Nachhinein können auch wir keine Wunder bewirken und eine nicht gemachte Meldung herbeizaubern.

Auch wenn das viele Kunden nicht gerne hören, aber es ist eine Bringschuld des Kunden, derartige bauliche Verbesserungen an uns bzw. den Versicherer zu melden. Es würde den Rahmen meines Betreuungsumfangs sprengen, alle paar Monate bei meinen Kundinnen vorstellig zu werden und zu fragen, ob sich bei ihnen baulich etwas geändert hat. Abgesehen davon wären sie über diese Dauerbelästigung nicht erfreut.

Außenanlagen & Einfriedungen

Darunter fallen in erster Linie Pflanzungen und Bäume, denn auch diese sind vom Versicherungsschutz in allen mir bekannten Eigenheimprodukten erfasst. Die Leistungen unterscheiden sich aber auch hier stark. Es gibt meist Erstrisikosummen, die ungeachtet der erforderlichen Versicherungssumme zum Tragen kommen. Allerdings können sich die vorgesehenen Leistungen für ein und dieselbe Sache auch innerhalb deines Vertrages unterscheiden – je nachdem, welche Sparte betroffen ist. Oft wird bei einem Sturmschaden beispielsweise weniger für den Fliederbusch bezahlt als bei einem Feuerschaden.

In diesen Deckungsbaustein können andererseits fallen: Terrassen, Wege, Einfahrtsflächen, Stützmauern, Beleuchtungskörper, Außenstiegen, Umzäunungen, Pergolas, gemauerte Gartengriller, Outdoorküchen, Gartenlauben usw. »Können« deshalb, weil die eben genannten Begrifflichkeiten auch hier wieder je nach Bedingungen sehr unterschiedlich ausformuliert sind (wie fast immer in der Versicherungswelt – sonst wäre es ja zu einfach!).

Betriebliche Nutzung

Wenn du von deinem Zuhause aus einer selbstständigen Tätigkeit nachgehst, achte darauf, bis zu welcher Fläche oder Versicherungssumme hier eine gewerbliche Nutzung im

Rahmen deines Vertrages erlaubt ist. Der Grund liegt darin, dass eine gewerbliche Nutzung ein anderes Risiko darstellt als eine private, und wenn ein Großteil deines Hauses so verwendet wird, ist eine andere tarifliche Einstufung notwendig.

Hinsichtlich Warenvorräte oder betrieblicher Einrichtungsgegenstände und Gelder habe ich im Kapitel Haushaltversicherungen schon darauf hingewiesen, dass diese immer separat zu versichern sind.

Photovoltaik (PV) und Solaranlagen

Auch in diesem Bereich gibt es verschiedene Deckungsmöglichkeiten. So sind Photovoltaik- und Solaranlagen bei manchen Anbietern im Rahmen der Gebäudeversicherungssumme inkludiert, bei anderen wiederum nur bis zu einer fixen Summe. Es gibt auch Versicherungen, die eine feste Verankerung der PV-Anlage am Dach vorschreiben, sonst gibt es keinen Versicherungsschutz – bei einem Flachdach ist das aber nicht unbedingt immer der Fall. Hier geht es um einen kostspieligen Teil deines Hauses, kläre die Deckung daher unbedingt im Voraus ab, damit es hinterher keine bösen Überraschungen gibt. Entsprechende Reparaturen können nämlich sehr teuer werden.

Auch die beste Eigenheimversicherung bietet dir für PV-Anlagen keinen umfassenden Schutz. In der Regel sind hier nur Schäden durch Sturm, Blitzschlag, Hagel oder Feuer gedeckt. Es gibt daher weitreichendere Versicherungsprodukte, die maßgeschneidert sind für PV-Anlagen und einen über die Basisdeckungen hinausgehenden Schutz bieten. Hier sind auch Bedienfehler, Ungeschicklichkeit, Böswilligkeit, mechanisch einwirkende Gewalt sowie Ertragsausfall im Paket inkludiert. Topprodukte beinhalten sogar Ersatz auf Basis des Neuwerts (was bei Elektronikversicherungen sonst nicht üblich ist) sowie Preissteigerungen bis zu einem bestimmten Ausmaß (in Zeiten der Teuerung ein wichtiger Aspekt).

Susis Praxistipp

Eine PV-Anlage kann aus Sicht der Versicherung übrigens auch eine Gefahrerhöhung darstellen. Du hast eine PV-Anlage am Dach? Dann melde die entsprechenden Eckdaten unbedingt deinem Versicherer in einer kurzen E-Mail. Wenn dieser mehr wissen will, wird sich die Versicherung bei dir melden. Du bist damit aber jedenfalls deiner Meldepflicht nachgekommen. Auch eine Erhöhung der Versicherungssumme um die Kosten der PV-Anlage ist anzuraten.

Schwimmbäder, Whirlpools & Co.

Du bist glücklicher Besitzer eines Swimmingpools? Dann bietet dir deine Versicherung die Möglichkeit, ein eigenes Schwimmbadpaket abzuschließen. Dies ist allerdings auf fix aufgestellte Schwimmbecken, Whirlpools, Biotope, Badeteiche und dergleichen beschränkt. Manchmal gibt es auch die Auflage, dass der Pool mindestens bis zu einem gewissen Anteil im Boden versenkt sein muss. Ein gänzlich freistehender Pool wäre demnach nicht versichert. In so einem Schwimmbadpaket sind sowohl die Schwimmbadtechnik als auch die -abdeckung inkludiert. Aus Erfahrung weiß ich, dass die sich vielfach im Einsatz befindlichen Plexiglas- oder Glasabdeckungen teuer in der Anschaffung sind. Folienabdeckungen sind jedoch meist mit einem weitaus geringeren Wert versichert oder sogar vom Versicherungsschutz ausgeschlossen.

Ist auch der Rohbau versicherbar?

Unter Rohbau verstehen wir ein unbewohntes und unbenütztes Gebäude, das sich gerade im Zustand der Errichtung befindet. Darunter fallen also keine Umbauten oder Sanierungen. Die Rohbauversicherung ist eine Art Vorstufe zur eigentlichen Eigenheimversicherung. Du bestimmst im Vorfeld, bei welchem Versicherer du die Eigenheimversicherung abschließen möchtest. Während der Rohbauphase bieten Versicherungen dafür im Gegenzug häufig einen prämienfreien Versicherungsschutz an. Dieser wird meist auf zwei Jahre befristet. Wenn dein Haus davor fertiggestellt wird, musst du der Versicherung umgehend Bescheid geben, dann wird der Vertrag nämlich auf die prämienpflichtige Variante umgestellt. Rohbauten sind nur dann versichert, wenn man eine solche Versicherung vor Baubeginn dezidiert beantragt. Automatisch gilt der Schutz allerdings nicht!

Grobe Fahrlässigkeit

Nicht nur in der Haushaltversicherung ist diese Klausel mitversicherbar, sondern auch beim Gebäude. Auch hier sind grob herbeigeführte Schäden gemeint, keinesfalls aber nicht eingehaltene Obliegenheiten (wie die 72-Stunden-Klausel, siehe Seite 44) oder gar Gefahrerhöhungen, die nicht gemeldet werden. Es ist jedenfalls empfehlenswert, diesen Zusatz mitzuversichern!

Heizungskasko

Derartige Versicherungen lohnen sich meist nur dann, wenn die Heizung noch nicht alt ist. Im Rahmen der Eigenheimversicherung ist eine Heizungsanlage gegen Elementarereignisse wie Sturm, Feuer und Leitungswasser versichert. Willst du aber auch falsche Bedienung, Herstellungsfehler u. Ä. abgedeckt wissen, solltest du über eine Heizungskaskoversicherung nachdenken. Diese ist als Zusatz zur Eigenheimpolizze abschließbar. Prüfe jedoch vorab, inwieweit du durch Garantien oder Serviceverträge bereits abgesichert bist. Nicht versicherbar sind übrigens Abnützungs- und Alterungsschäden.

Susis Praxistipp

Beachte, dass du bei dieser Sparte fast immer einen Selbstbehalt zu tragen hast und auch kein Neuwert ersetzt wird. Für ältere Anlagen lohnt sich daher eine solche Versicherung nicht mehr.

Immer wieder stoße ich auf Verträge, in denen Kunden eine zwanzig Jahre alte Heizung versichern und somit im Schadenfall nahezu nichts mehr an Leistung zu erwarten haben. Über diesen Umstand wurden sie vorab allerdings nie aufgeklärt.

All-Risk- & Allgefahrendeckungen

Versicherungen beschreiben diesen Zusatzbaustein immer mit »unbenannte Gefahren«. Ich gebe zu, das ist ein wenig kryptisch, und die meisten Kunden wissen nicht, was darunter zu verstehen ist. Damit sind Sachschäden durch Zerstörung oder Beschädigung gemeint, die nicht standardmäßig in den Bedingungen versichert sind. Als Schadenbeispiel wird gerne eine Küchenmaschine genannt, die hinunterfällt und dabei die Arbeitsplatte zerstört. Oder ein Regal wird schlecht befestigt und überladen, wodurch es mitsamt dem darauf befindlichen Porzellan zu Boden fällt. Diese Sparte sieht Selbstbehalte (meist um die 350 Euro) als fixen Bestandteil vor. Der Betrag ist recht hoch, was wiederum erklärt, weshalb zumindest in unserer Kanzlei nicht allzu viele derartige Schäden zur Auszahlung kommen. Viele davon fallen nämlich unter diese Selbstbehaltsgrenze.

Auto & Mobilität

1992 war die Welt noch in Ordnung. Damals habe ich all mein Erspartes zusammengelegt und mir mein erstes eigenes Auto gekauft – einen Citroën AX14. Es war keine Vernunftentscheidung, die Optik hatte es mir angetan. Zugegeben, das Auto hatte wenig Coolnessfaktor, war aber irgendwie schnuckelig. Böse Zungen bezeichneten ihn gar als Asphaltschneider (in Anbetracht der wirklich schmalen Reifen kann ich das heute aus zeitlicher Distanz nicht abstreiten). Wie auch immer, ich liebte ihn, auch wenn ich einiges mit ihm mitmachte.

Damals war es noch easy, ein Auto zu versichern. Es gab einen Papiertarif und binnen Sekunden hatte man die Prämie und konnte den Antrag fertigstellen. So leicht geht's heute leider nicht mehr.

Kaum eine andere Sparte verursacht in der Versicherungsbranche mehr Kummerfalten als die Kfz-Versicherung. Auch ich muss zugeben, ein zwiespältiges Verhältnis zu Kfz-Versicherungen zu haben. Einerseits kann man eine neue Kundin aufgrund der kurzen Vertragsbindungen, die bei Autoversicherungen bestehen, relativ schnell in die Betreuung übernehmen. Im Gegensatz zu anderen Sparten gibt es hier kein jahrelanges Warten, bis man den Vertrag für die Kundin optimieren kann. Andererseits birgt die Kfz-Sparte viele Tücken, Stolpersteine (für Kunden und Versicherungsmaklerinnen), immensen Arbeitsaufwand (den Kunden meistens gar nicht mitbekommen) und gleichzeitig eine minimale Entschädigung für die Vermittlerin. Manche sprechen überspitzt von »Schmerzensgeld«. Obendrein kann bei einem Autounfall viel schiefgehen, auf das man als Versicherungsmakler nur bedingt Einfluss nehmen kann. Auch die Schadenhäufigkeit ist hier sehr groß. Nicht selten passiert daher Folgendes: Die Kundin bleibt am Ende – trotz allen Aufwandes unsererseits – verärgert zurück.

Alles in allem ist es nicht übertrieben, wenn ich sage, dass der Großteil meiner Branchenkollegen zur Kfz-Versicherung eine Hassliebe pflegt. Ich nehme mich da nicht aus. Viele Vermittlerinnen nehmen eine einzelne Autoversicherung nur mehr dann an, wenn der Kunde auch ein anderes Geschäft (zumindest in absehbarer Zeit) bei ihnen platziert. Und ich verstehe es: Um wirtschaftlich zu überleben, müssen wir diese Sparte hinsichtlich der Betreuung mit anderen Versicherungsverträgen quersubventionieren. Ein Kunde, der eine Fahrzeughaftpflichtversicherung bei mir abschließt und sonst nichts, kostet mich in der Betreuung mehr, als ich an diesem Vertrag verdiene.

Wer regelmäßig Wechselkennzeichen beantragen muss, weiß, wovon ich spreche. Die Arbeitszeit der Mitarbeiterin, bis sämtliche Daten von beiden Fahrzeugen eingepflegt sind, eine vernünftige Prämie errechnet wurde und EDV-technisch alles mit der Überleitung des Antrages funktioniert – dieser Aufwand kostet mehr, als der Vertrag an Provision abwirft. Das mag für manche berechnend klingen, als Unternehmer müssen wir jedoch wirtschaftlich denken und agieren. Keine Sorge, niemand muss für uns jetzt den Bettelhut herumgehen lassen. Ich möchte nur aufzeigen und transparent machen, weshalb Autoversicherungen in der Branche nicht sonderlich beliebt sind:

Fallbeispiel

Viele Menschen glauben, dass der Versicherungsmakler 1.000 Euro erhält, wenn sie für ihr Fahrzeug eine Prämie von 1.000 Euro bezahlen. Wenn ich für ein Rechenbeispiel einen klassischen Familienwagen mit 110 Kilowatt heranziehe, entfallen rund 720 Euro auf die motorbezogene Versicherungssteuer (die eins zu eins ans Finanzamt abgeführt wird) und nur rund 280 Euro auf die Haftpflichtversicherung. Dann müssen wir von den 280 Euro noch die normale Versicherungssteuer in Höhe von elf Prozent abziehen. Erst jetzt sind wir bei der eigentlichen Berechnungsbasis für die Honorierung des Versicherungsmaklers angelangt. Bleiben in Summe rund 15 Euro an Provision – für ein Jahr Betreuung.

Obendrein ist das Verhältnis des Menschen zu seinem Auto ein sehr eigentümliches. Hier sehe ich bei meinen Kunden große Unterschiede zwischen weiblichen und männlichen Fahrzeugbesitzern. So stelle ich bei den meisten meiner Kundinnen ein eher pragmatisches Verhältnis zu ihrem fahrbaren Untersatz fest, wobei man wiederum strikt unterscheiden muss, ob es sich um eine (vom Mann) geduldete Mitbenutzerin des Autos handelt oder ob die Frau über ein eigenes Auto verfügt. Familienkutsche vs. Spaßauto sozusagen.

Mit unserem familieneigenen VW Sharan und einem Mini Cooper bin ich der Prototyp für beide Arten von Autobesitzern. Wenn unser Sharan in die Werkstätte muss, dann ist das eben so und ich denke nicht weiter darüber nach. Als aber letztens ein Unbekannter einen bösen Parkschaden an meinem Mini verursachte und danach Fahrerflucht beging, war ich mehr als aufgebracht. Es half nichts, der Mini musste in die Werkstätte. Ein Mitarbeiter holte das Fahrzeug bei uns zu Hause ab und ich ertappte mich dabei, dass ich wehmütig an der Gartentüre lehnte und meinen Mini nicht aus den Augen ließ, bis der Mechaniker mit ihm um die Ecke gebogen und er nicht mehr zu sehen war. Es fühlte sich so an, als wäre eines der Kinder auf eine Projektwoche gefahren. Zum Glück kam ich noch rechtzeitig zur Besinnung, bevor meine Hand zum Winken ansetzte. Ich gebe es ganz offen zu: Mein Mini ist eine Persönlichkeit und daher kein 08/15-Auto. Als solche wird er auch behandelt. You know what I mean?

Für viele Männer wiederum ist das Auto nach wie vor ein Aushängeschild, um den sozialen Status nach außen hin zu manifestieren. Solche Männer sind mit ihren Fahrzeugen daher anders verbunden. Mit Männern dauern Gespräche über die Kaskoversicherung ihres Neuwagens in etwa gleich lang, wie wenn ich mit einer Frau die komplette Familienabsicherung für sie, ihren Mann und drei Kinder bespreche.

Bevor ich aber jetzt zu tief in die Psyche der Autofahrer abtauche, kommen wir zurück zum Thema. Auch für Versicherungen zählt die Kfz-Sparte keinesfalls zu den Lieblingskindern. Diese Sparte ist gezeichnet von hohen Schadenquoten, großem Personalaufwand und wenig Verdienst. Umso erstaunlicher ist es, dass gerade hier immer wieder – zum Teil nicht nachvollziehbare – Rabattschlachten ausgetragen werden, bei denen sich Versicherungshäuser mit einer billigen Prämie bewusst Kundenbestände einkaufen, im Wissen, dass diese Prämien nicht dauerhaft gehalten werden können. Die Kunden können daher kurze Zeit später mit einer Prämienerhöhung rechnen, weil es sich wirtschaftlich nicht anders rechnet. Der Kundin steht es natürlich frei, bei nächster Gelegenheit zu kündigen, aber es wird hier bewusst darauf spekuliert, dass Kunden häufig zu träge sind, um ihre Versicherung zu wechseln.

Schauen wir uns an, welche unterschiedlichen Formen von Kfz-Versicherungen es überhaupt gibt.

Die Kfz-Haftpflichtversicherung

Hier handelt es sich um eine Pflichtversicherung, damit einerseits Geschädigte abgesichert sind und zu ihrer Leistung gelangen. Andererseits bringt sie dem Schadenverursacher die Sicherheit, dass ein von ihm verursachter Autounfall ihn nicht seine Existenz kostet.

Möchtest du also ein Auto auf dich anmelden, kannst du das nur tun, indem du den Nachweis erbringst, dass du einen Haftpflichtversicherungsschutz hast. Dies erfolgt in Form einer sogenannten Versicherungsbestätigung, die du im Zuge einer Kfz-Anmeldung mit den übrigen Dokumenten bei der Zulassungsbehörde vorlegst. Erst danach bekommst du ein behördliches Kennzeichen ausgefolgt und darfst dein Fahrzeug im öffentlichen Verkehr verwenden.

Die Versicherungssumme in der Haftpflicht

Du findest in deiner Haftpflichtversicherung eine Versicherungssumme, die vermutlich mindestens im zweistelligen Millionenbereich ist. Mittlerweile ist es nämlich üblich, weitaus höhere Beträge (nämlich z. B. 20, 30, 50 Millionen Euro) heranzuziehen, als die gesetzliche Mindestversicherungssumme ausweist. Das ist tatsächlich sinnvoll. Es kostet nur wenige Euro mehr pro Jahr, wenn man diese freiwillige Höherversicherung vornimmt, anstatt nur die gesetzlich vorgeschriebene Summe zu wählen.

Ich möchte hinzufügen: Solche Summen braucht man nur sehr selten. Aber in einem Fall, wo eine oder mehrere Personen verletzt werden und jemand womöglich durch einen von dir verursachten Unfall für immer beeinträchtigt und/oder auf fremde Hilfe angewiesen ist, minderjährige Kinder hat, die es zu versorgen gilt, usw., ergeben solche Summen Sinn. Du kannst dir ausmalen, dass hier gewaltige finanzielle Mittel notwendig sind, um diese Kosten zu begleichen. Allfällige Sachschäden könnten noch hinzukommen. Daher auch an dieser Stelle: Erschrick nicht vor Versicherungssummen in großer Höhe. Zum Glück haben wir noch keine US-Verhältnisse, was Schmerzensgeld oder Schadenersatzforderungen angeht, aber der Trend geht auch hierzulande immer weiter nach oben.

Was ist in der Kfz-Haftpflichtversicherung versichert?

Ganz allgemein lässt sich das so zusammenfassen: Die Aufgabe der Kfz-Haftpflichtversicherung ist es, begründete Schadenersatzansprüche zu leisten und unbegründete Ansprüche abzuwehren. Dies bezieht sich auf Personen- sowie auf Sachschäden. Bei dieser Versicherungssparte geht es immer um einen geschädigten Dritten. Das bedeutet, du wirst aus deiner eigenen Haftpflichtversicherung niemals selbst eine Leistung bekommen, sondern immer andere (also dritte) Personen. Das ist der Grund, weswegen Versicherer auch bei Vorsatz (also einer Schädigung mit Wissen und Willen) leisten, sich jedoch im Nachhinein bei der Versicherungsnehmerin regressieren. Die Kfz-Haftpflicht zahlt sowohl bei leichter (also einem minderen Versehen, das einem ordentlichen Menschen passieren kann) als auch grober Fahrlässigkeit (also einer auffallenden Sorglosigkeit, die einem ordentlichen Menschen keinesfalls unterläuft).

Was ist in der Kfz-Haftpflichtversicherung nicht versichert?

- Schäden am versicherten Fahrzeug selbst (dafür gibt es die Kaskoversicherung)
- Sonstige Sachschäden der Eigentümerin und Halterin des versicherten Fahrzeuges
- Schäden am beförderten Ladegut

Wer ist in der Kfz-Haftpflichtversicherung mitversichert?
Für viele scheint diese Frage entbehrlich, weil die Antwort auf der Hand zu liegen scheint. Aber ich wette mit dir, dass du nicht an all diese Personen gedacht hättest:

- Eigentümer (hat das rechtliche Herrschaftsverhältnis über das Kfz),
- Halterin (hat die Verfügungsgewalt über das Kfz, trägt die laufenden Kosten),
- Lenker (verwendet das Kfz mit Willen und Zustimmung der Halterin),
- Einweiserin,
- Insassen sowie
- Personen, die mit dem Willen der Halterin bei der Verwendung des Kfz tätig sind.

Welche Begrenzungen gibt es?
Zeitlich gesehen muss der Versicherungsfall in die Vertragslaufzeit fallen. *Örtlich* ist die Kfz-Haftpflichtversicherung meist auf Europa im geografischen Sinn (und einige zusätzliche Länder) beschränkt. Bitte prüfe vorab genau, wo die Versicherung gilt, solltest du in ein Land außerhalb dieser Zone fahren. *Sachliche* Begrenzungen liegen im Zusammenhang mit diversen Ausschlüssen (wie der Teilnahme an Motorrennen etc.) sowie den berüchtigten Obliegenheitsverletzungen vor. Das sind jene Verpflichtungen des Kunden, die er vor, während oder nach einem Schaden einzuhalten hat. Tut er das nicht, verliert er seinen Versicherungsschutz. Ein Autounfall in alkoholisiertem Zustand hat beispielsweise zur Folge, dass die Versicherung zwar einem geschädigten Dritten die Leistung erbringt, sich aber bei der Kundin regressiert.

Internationale Versicherungskarte (IVK; früher »Grüne Karte«)

Prinzipiell sollte dein Kfz-Kennzeichen zwar ausreichen, um zu bestätigen, dass eine aufrechte Haftpflichtversicherung besteht, es gibt allerdings einige Länder, die die IVK bei der Einreise verlangen. Die meisten Haftpflichtversicherer stellen diese Karte automatisch aus und versenden sie gemeinsam mit der Polizze. Du kannst sie auch jederzeit (kostenlos) anfordern. Der Geltungszeitraum, der auf der Karte vermerkt ist, muss beachtet werden.

Susis Praxistipp

Solltest du ins Ausland fahren, führe eine gültige IVK mit, damit du im Falle des Falles keine unnötigen Diskussionen hast. Bei Fahrten in die Türkei ist unbedingt darauf zu achten, dass der Versicherungsschutz für die gesamte Türkei gilt (also sowohl für den europäischen als auch für den asiatischen Teil).

Wie errechnet sich die Haftpflichtprämie für dein Auto?

Generell erfolgt die Berechnung der Haftpflichtprämie nach PS bzw. Kilowatt deines Autos, ebenso nach dem CO_2-Ausstoß bzw. dem Hubraum bei Motorrädern.

Die Kfz-Vollkaskoversicherung (Kollisionskasko)

In dieser Sparte werden dir Schäden am eigenen Fahrzeug ersetzt. Wesentlich ist hier, dass nicht entscheidend ist, ob du einen Schaden selbst verschuldet hast.

Du stehst mit Pfeilern in Tiefgaragen auf Kriegsfuß? Dann bist auch du ein klassischer Fall für eine Vollkaskodeckung. Bei neu angeschafften Fahrzeugen wird diese Kaskovariante so gut wie immer gewählt. Ebenso bei geleasten Autos, da es hier die Leasinggesellschaft vorschreibt (sie braucht immerhin die Sicherheit, dass das Fahrzeug im Schadenfall ordentlich repariert wird und sich der Leasingnehmer nicht eine Abfindung auszahlen lässt und diese für etwas anderes ausgibt).

Die Gründe für den Abschluss einer Vollkaskoversicherung sind vielfältig:

- hohe Anschaffungskosten bei Neufahrzeugen,
- immer teurere Reparaturkosten,
- immer mehr Autos auf den Straßen, wodurch das Risiko steigt, einen Unfall bzw. eine Kollision mit einem anderen zu haben,
- immer häufigere Naturgewalten wie Hagel, Stürme, Hochwasser und Muren,
- Berufsgruppen, für die das Auto unentbehrlich ist (Pendlerinnen, im Außendienst Beschäftigte).

Was ist in der Vollkaskoversicherung versichert?

Das Leistungsspektrum der Vollkaskoversicherung ist sehr umfangreich. Einerseits werden hier Elementarschäden übernommen, z. B.

- Brand, Explosion,
- Diebstahl, Raub,

- Berührung des Fahrzeuges mit Haarwild, Federwild,
- Schäden durch Naturkatastrophen, z. B. Blitzschlag, Felssturz, Steinschlag, Erdrutsch, Lawinen, Schneedruck, Hagel, Hochwasser und Überschwemmungen, aber auch
- Verschmorung der Verkabelung infolge eines Kurzschlusses und
- Marderbiss.

Die am häufigsten in Anspruch genommenen Leistungen sind jene, die verursacht werden durch

- Unfälle,
- Parkschäden (Kollision des haltenden oder geparkten Fahrzeuges mit einem unbekannten Fahrzeug),
- Vandalismus (mut- oder böswillige Handlung betriebsfremder Personen),
- Glasbruch (Windschutz-, Seiten-, Heckscheiben) und
- Kleingläser (Scheinwerfer, Blinker, Spiegel).

Wann spricht man vom Totalschaden?

Jetzt wird das auf den ersten Blick etwas trockene Thema noch mal so richtig heiß, denn beim Thema Totalschaden scheiden sich zwischen Versicherungen und Versicherungsnehmerinnen häufig die Geister. Streit ist somit oft vorprogrammiert und mein Team und ich müssen regelmäßig intervenieren, um bessere Ergebnisse für unsere Kundinnen bei den Versicherungen zu erwirken.

Es passiert nämlich nicht selten, dass ein in die Jahre gekommenes Auto, das bisher gute Dienste geleistet hat, durch einen Unfall so stark beschädigt wird, dass die Reparatur den Wiederbeschaffungswert des Kfz übersteigt. Der Wiederbeschaffungswert ist jener Betrag, den ein Fahrzeug gleicher Art und Güte und mit dem gleichen Abnützungszustand zum Zeitpunkt des Unfalles gekostet hätte. Davon wird noch ein allfälliger Restwert abgezogen. Während der Kunde sein geliebtes Vehikel auf jeden Fall repariert haben möchte, sagt die Versicherung sowohl bei einem Kasko- als auch bei einem Haftpflichtschaden häufig Nein.

Fallbeispiel

Kunde Günther war in einen Verkehrsunfall verwickelt, der Gegner war zu hundert Prozent schuld. Die gegnerische Haftpflichtversicherung beauftragte einen Sachverständigen, der den Wiederbeschaffungswert von Günthers Auto mit 4.000 Euro schätzte. Die Reparaturkosten hingegen beliefen sich auf 4.600 Euro. Ebenfalls stellte die Versicherung das Fahrzeug in die sogenannte Wrackbörse im Internet und erzielte dafür als höchstes Angebot 1.450 Euro (ein übliches Prozedere). Die gegnerische Haftpflichtversicherung zog nun vom Wiederbeschaffungswert den Wrackwert ab, was für Günther eine Leistung von 2.550 Euro bedeutet hätte. In so einer Situation kann man sich aktiv einbringen und den Gebrauchtwagenmarkt durchforsten. Oft bekommt man dann doch höhere Werte für vergleichbare Autos angezeigt. Bei Günther führte diese erneute Recherche zu einem höheren Wiederbeschaffungswert von 4.400 Euro. Damit stand einer Reparatur nichts mehr im Wege.

Denn: Aufgrund eines OGH-Judikats (OGH: Oberster Gerichtshof) aus dem Jahr 2006 hast du bei einem Haftpflichtschaden einen Extrapuffer und kannst die Höhe der Reparaturkostenrechnung bis zum Wiederbeschaffungswert um zusätzlich zehn Prozent übersteigen. Bei einem über deine

Kaskoversicherung abgewickelten Schadenfall wäre aber der wirtschaftliche Totalschaden damit erreicht und so leider auch das Maximum an Auszahlungsbeträgen. Hier gelten nämlich wieder andere Spielregeln.

Susis Praxistipp

Solltest du an deinem geparkten Fahrzeug einen Schaden feststellen, bist du verpflichtet, eine polizeiliche Anzeige zu machen. Die brauchst du, um später bei deinem Kaskoversicherer den Schaden zu melden bzw. auch geltend zu machen. Hier ist eine teuflische Vorschrift versteckt: Das hat unverzüglich zu geschehen. Wenn du bis zum nächsten Tag wartest, kann es schon zu spät sein und du könntest um deine Ansprüche gebracht worden sein. Hierzu gibt es schon einige OGH-Urteile, die dem Begriff der Unverzüglichkeit nachgegangen sind. Der einfachste Weg ist aber immer noch der, so schnell wie möglich bei der Behörde Anzeige zu erstatten. Dann ersparst du dir später viel Ärger.

Mir selbst ist so ein Fauxpas vor vielen Jahren passiert, als ich nach einem Schaden an meinem Auto erst am nächsten Tag zur Polizei ging. Der Klassiker: Man predigt eine Regel seinen Kunden und hält sich selbst nicht daran. Ich musste damals lange streiten, bis man mir meinen Schaden aus der Kaskoversicherung ersetzte.

Die Kfz-Teilkaskoversicherung (Elementarkasko)

Was ist in der Teilkaskoversicherung versichert?
Dies ist einfach zu beantworten: Alles, was zuvor bei der Vollkaskoversicherung aufgezählt wurde, ausgenommen der selbstverschuldete Unfall. Es gibt zwar auch abgespeckte Varianten, in denen weitere Bausteine wegfallen, wir bieten in unserer Kanzlei aber nur die umfangreiche Versicherungslösung an, das wünschen auch die meisten Kundinnen. Von den meisten Autobesitzern wird eine Teilkaskoversicherung für einige Jahre weitergeführt, nachdem die Vollkaskoversicherung beendet wurde. Es erfolgt quasi ein nahtloser Übergang.

Wie errechnet sich die Kaskoprämie für dein Auto?
Im Gegensatz zur Haftpflichtversicherung spielt hier der Wert deines Fahrzeuges eine Rolle. Dabei wird der seinerzeitige Listenpreis als Berechnungsbasis für die Prämie herangezogen. Achtung! Damit ist nicht gemeint, was du seinerzeit beim Autohändler für dein neues Fahrzeug bezahlt hast. Gemeint ist tatsächlich der Listenpreis, also der Preis laut Liste ohne jegliche Nachlässe und Rabatte, aber inklusive Normverbrauchsabgabe und Mehrwertsteuer. Das ist ein wenig kompliziert und oft bekommen wir von Kunden zur Berechnung falsche Basiswerte. Dann stimmt die Prämienkalkulation nicht. Bei den meisten Fahrzeugen gibt es mittlerweile aber die Möglichkeit, diesen Preis online zu eruieren. Bei Neufahrzeugen halten wir oft auch Rücksprache mit dem Autohändler, der uns die gewünschten Daten gibt.

Selbstbehalte

In der Kaskoversicherung geht nichts ohne Selbstbehalte. Die Frage ist hier also nicht, ob der Selbstbehalt gewünscht wird, sondern in welcher Höhe. Es gibt die Möglichkeit, den Selbstbehalt nur eingeschränkt verrechnet zu bekommen (das kommt bei den Schäden zum Tragen, die am häufigsten passieren: Unfall, Vandalismus, Parkschaden, Glasbruch). Wenn du an der Prämie sparen möchtest, bietet sich die Variante mit durchgehendem Selbstbehalt an. Wie der Name schon sagt, musst du in diesem Fall bei jeder Art von Kaskoschaden einen Selbstbehalt zahlen. Bei kleineren Schäden (z. B. Kratzern im Lack oder einem abgerissenen Seitenspiegel) bedeutet dies oft, dass du den Schaden selbst bezahlen musst. Die Höhe der Selbstbehalte liegt bei den meisten Produkten zwischen 300 und 400 Euro pro Schadenfall. Es gibt auch Varianten mit höheren Selbstbehalten, je nach Kundenwunsch und Fahrzeug kann das durchaus sinnvoll sein.

Susis Praxistipp

Wenn du ein Kfz kaskoversicherst, das kein Neufahrzeug mehr ist, verlangen die meisten Anbieter eine Besichtigung. So soll vermieden werden, dass ein eventuell schon bestehender Schaden dem neuen Versicherer untergejubelt wird. Hier gibt es allerdings bei manchen Anbietern eine Stolperfalle! Solange der Versicherer nämlich das Fahrzeug nicht gesehen hat, ist im Schadenfall ein doppelter oder noch höherer Selbstbehalt zu bezahlen. Manche Kundinnen vergessen, diese Besichtigung zeitnah zu veranlassen, und in einem Schadenfall gibt es dann ein böses Erwachen.

Leasingfahrzeuge brauchen zwingend die GAP-Klausel
Sollte es zu einem Totalschaden kommen, wird der Auflösungswert des Leasingvertrages abzüglich geleisteter Depotzahlung herangezogen. So kann es nicht passieren, dass die Leasinggesellschaft vom Kunden mehr Geld einfordert, als dieser von der Kaskoversicherung ersetzt bekommt. Diese eventuelle Lücke wird somit von der Versicherung gefüllt, daher kommt der Name »GAP-Klausel« (»Gap« bedeutet auf Englisch »Lücke«). Jede Leasingkundin sollte den Zusatz in ihren Vertrag einschließen. Diese Klausel gilt übrigens nicht für (kredit-)finanzierte Fahrzeuge.

Grobe Fahrlässigkeit
Seit einiger Zeit kann man in der Kaskoversicherung den Baustein »Grobe Fahrlässigkeit« hinzuversichern. Dies ist nicht als Freibrief zu sehen, jegliche Sorgfaltspflicht außer Acht zu lassen, aber nimmt der Versicherung einige Möglichkeiten, einen Schadenfall abzulehnen. Sollte dieser Zusatz nicht automatisch in deinem Vertrag inkludiert sein, schließe ihn unbedingt ein.

Motorbezogene Versicherungssteuer

Die motorbezogene Versicherungssteuer bemisst sich seit 01. 10. 2020 aus der Leistung und dem CO_2-Ausstoß deines Fahrzeugs (davor war nur die Motorstärke ausschlaggebend). Somit ist es möglich, dass sich bei einem nach diesem Datum zugelassenen Fahrzeug mit schwächerer Motorleistung, aber höherem CO_2-Ausstoß im Vergleich zu einer Zulassung vor dem 01. 10. 2020 eine höhere motorbezogene Versicherungssteuer ergibt. Das sorgt immer wieder für Verwirrungen, wenn die Kosten des eigenen Autos mit jenen von Bekannten verglichen werden. Deswegen sollte man immer erfragen, wann das Fahrzeug zugelassen wurde. Daraus erklären sich oft die unterschiedlich hohen Fixkosten.

Du hast es bei deinen eigenen Prämienvorschreibungen vermutlich schon bemerkt, die motorbezogene Versicherungssteuer wird direkt mit der Prämie für deine Kfz-Versicherung eingehoben, aber summenmäßig extra ausgewiesen. Der Steueranteil ist somit immer gleich, egal ob du Kunde der Versicherung X oder Y bist.

Die Besteuerung kommt für Pkw, Motorräder und übrige Kraftfahrzeuge bis zu einem höchstzulässigen Gesamtgewicht von 3,5 Tonnen zum Tragen (ausgenommen Traktoren, Motorkarren). Reine Elektrofahrzeuge sind derzeit von der motorbezogenen Versicherungssteuer zur Gänze befreit (dies gilt nicht für Hybridfahrzeuge). Diese Steuer ist übrigens nicht zu verwechseln mit der allgemeinen Versicherungssteuer, die bei allen Versicherungsprämien dazugerechnet wird. Im Falle der Kfz-Versicherungen beträgt sie elf Prozent und ist in deiner Prämie bereits inkludiert.

Das österreichische Bonus-Malus-System

Dieses Thema ist wichtig, damit man die Zusammenhänge im Rahmen der Kfz-Versicherungen richtig versteht. Deine Stufe im Bonus-Malus-System bestimmt nämlich wesentlich, welche Prämienhöhe für dich gilt. So muss jemand in Stufe 9 eine nahezu doppelt so hohe Haftpflichtprämie bezahlen wie jemand in Stufe 0.

In Österreich gilt das Bonus-Malus-System für alle Personen- und Kombinationswagen, Mietautos und Taxis. Prinzipiell beginnst du – wenn noch nie ein Auto auf dich angemeldet war – in der Grundstufe 9. Es gibt die Stufen 0–17 und das System sieht vor, dass du nach jedem schadenfreien Versicherungsjahr um eine Stufe nach vorne rückst (Bonusvorrückung). Verschuldest du jedoch einen Schaden, erfolgt eine Rückreihung um drei Stufen (Malusrückreihung). Wenn du dein Fahrzeug wechselst, übernimmst du automatisch deine bereits erworbene Bonusstufe für das neue Fahrzeug. Meist darf jedoch nicht mehr als ein Jahr seit der Abmeldung des alten Fahrzeugs vergangen sein. Manche Versicherer zeigen sich in diesem Punkt allerdings kulant, deswegen lohnt es sich jedenfalls, diesbezüglich nachzufragen, wenn es bei dir mit dieser Frist knapp werden könnte.

Susis Praxistipp

Oft melden Familienangehörige aus Altersgründen ihr Fahrzeug ab und nehmen sich kein neues mehr. Hier lohnt es sich, die Bonusstufe dieser Person für den Fall zu übernehmen, dass man selbst noch nicht bis zur Nullerstufe vorgedrungen ist. Dafür gibt es ein eigenes Übertragungsformular, das schon so manchen meiner Kunden unverhofft in die günstigste Prämienstufe katapultiert hat.

Beim österreichischen Versicherungsverband wird ein zentrales Register geführt, in dem die aktuelle Bonus-Malus-Stufe von jeder Kfz-Besitzerin vermerkt ist. Wenn du nun ein neues Auto anmeldest, wird dein Versicherer in diesem Register die dort vermerkte Bonusstufe abfragen und diese als Berechnungsbasis für deine Prämie heranziehen.

Nachdem Versicherer aber immer bestrebt sind, neue Kunden zu gewinnen, gibt es mittlerweile eine Vielzahl an Möglichkeiten, sich eine bessere Bonusstufe zu sichern, als man sich laut Versicherungsverband erarbeitet hat. Auch hier gilt: Diese Goodies sind von Versicherung zu Versicherung unterschiedlich und deine individuellen Konditionen somit immer davon abhängig, wo du versichert bist und wer dich versicherungstechnisch berät. So gibt es bei manchen Anbietern bei Anmeldung eines Zweitfahrzeuges die gleiche Bonusstufe für das neue Fahrzeug wie die, die für das bestehende Fahrzeug gilt. Hierzu muss festgehalten werden, dass es ein wenig zur Unsitte geworden ist, mit Bonusstufen um sich zu werfen. Dies verzerrt für Kundinnen die Vergleichbarkeit der Angebote. Nicht selten vergleichen Konsumenten ein Angebot in Stufe 0 mit einem in Stufe 6.

Auch hier sollte man Vorsicht walten und sich von niedrigen Bonusstufen nicht blenden lassen: Wir hatten schon häufig Fälle, in denen wir Vergleichsberechnungen für unsere Kundinnen vorgenommen haben. Da wurden zwar Bonusstufen im Angebot geschenkt, in Summe war diese Prämie aber trotzdem teurer als unser eigenes Angebot in Stufe 9. Wichtig für dich zu wissen ist, es gibt immer zwei Bonusstufen – einmal die interne (die dir dein Versicherer verrechnet) und die echte (also jene, die offiziell beim Versicherungsverband aufscheint).

Susis Praxistipp

Wenn du eine geschenkte Bonusstufe für deine Autoversicherung ergattert hast, sei bitte vorsichtig, wenn du die Versicherung zu einem späteren Zeitpunkt wechselst. Es gibt nur wenige Anbieter am Markt, die eine geschenkte Bonusstufe des Vorversicherers eins zu eins übernehmen. Sehr oft kommt stattdessen – nachdem der neue Versicherer die Abfrage beim Versicherungsverband vorgenommen hat – das böse Erwachen, wenn die echte Bonusstufe nicht 0, sondern z. B. erst 7 ist. Die Prämie ist dann nämlich weitaus teurer als jene im ursprünglichen Angebot, in dem die geschenkte Stufe als Berechnungsbasis genommen wurde.

Normverbrauchsabgabe (NoVA)

Diese Zulassungssteuer bezahlst du nur dann, wenn du dein Fahrzeug neu bei einem österreichischen Händler kaufst. Grundsätzlich sind alle Leistungen, die der Importeur erbringt, NoVa-pflichtig. Dazu zählen z. B. Sonderausstattungen. Auch wenn du ein Fahrzeug nach Österreich importierst und hier zulässt, musst du die NoVa entrichten.

Wechselkennzeichen

Solltest du mehrere Fahrzeuge mit einem Wechselkennzeichen zugelassen haben, fallen nur für jenes Fahrzeug die Haftpflichtprämie sowie die motorbezogene Versicherungssteuer an, auf das die höchste Steuerlast zutrifft. Die Kaskoversicherung betreffend gibt es von Anbieter zu Anbieter andere Lösungsansätze für Fahrzeuge mit Wechselkennzeichen.

Jugendliche und ältere Fahrer

Beide Gruppen zählen nicht zum bevorzugten Kfz-Kundenkreis der Versicherungswirtschaft. Das zeigt sich darin, dass Fahrzeuge, die auf solche Personen angemeldet sind, eine weitaus höhere Prämie aufweisen. Oder andersherum: Oft werden hier keine Zusatzrabatte angeboten. Warum ist das so? Weil statistisch gesehen sowohl sehr junge als auch sehr alte Fahrer mehr Unfälle verursachen als andere Altersgruppen.

Susis Praxistipp

Nachdem Jugendliche häufig noch kein eigenes Fahrzeug besitzen und jenes der Eltern mitbenutzen, bitte bei derartigen Konstellationen darauf achten, dass man einen Versicherer wählt, der im Schadenfall keinen zusätzlichen Selbstbehalt für jugendliche Lenker einhebt. Diese Selbstbehalte umfassen nämlich in der Regel mehrere Hundert Euro. Es gibt jedoch auch Anbieter am Markt, die das nicht vorsehen. Erkundige dich am besten beim Versicherungsmakler deines Vertrauens. Sonst kann es nachträglich eine unerfreuliche Überraschung geben.

Assistance-Produkte vs. Automobilclub-Mitgliedschaften

Bevor du ein kostenpflichtiges Assistance-Produkt gemeinsam mit deiner Kfz-Versicherung abschließt, solltest du genau prüfen, ob die darin befindlichen Leistungen nicht ohnedies von deiner Automobilclub-Mitgliedschaft erfasst und abgedeckt sind. Pannen- und Abschleppdienste werden nämlich auch in diesem Rahmen angeboten. Hier lohnt es sich, vorher zu vergleichen, um nicht jahrelang doppelt zu zahlen.

Serviceleistungen im Schadenfall

Mittlerweile gibt es zahlreiche Dienstleister, die den zu reparierenden Kfz-Schadenfall in ihrem Werkstätten-Pool für dich erledigen. Der Service ist wirklich smart, da dein Auto – ohne jegliche Mehrkosten – von der Werkstätte abgeholt und nach der Reparatur wieder zu dir nach Hause gebracht wird. Dein Auto wird zudem innen und außen gereinigt, bevor du es zurückbekommst, auch das ist kostenlos. Als Draufgabe bekommst du noch eine Reduktion des Selbstbehaltes von 100 Euro oder höher. Ähnlich läuft es beim Scheibentausch, hier sind die Reduktionen des Selbstbehaltes sogar teilweise das Doppelte oder mehr. Es lohnt sich also, seinen Kfz-Schaden abseits von Markenwerkstätten reparieren zu lassen. Deine Geldbörse wird es dir danken, wenn du deutlich weniger als den Selbstbehalt zahlen musst. Wir arbeiten als Versicherungsmakler bereits seit Jahren mit derartigen Firmen zusammen. So können unsere Kundinnen diese Vorteile für sich nutzen. Dein Versicherungsmakler kann dir diesbezüglich sicherlich weiterhelfen.

Recht & Sicherheit

Fallbeispiel

Vor gut zwei Jahren meldete sich Felix mit dem Wunsch nach einem Angebot für Haushalt-/Haftpflicht- sowie Rechtsschutzversicherung bei mir. Nachdem ich ihm alle Unterlagen übermittelt hatte, hörte ich nichts mehr von ihm. Rund sechs Monate später erhielt ich einen Anruf von Felix, in dem er mir schilderte, dass er einen Unfall mit einem Unternehmer auf der Skipiste gehabt hatte. Dieser forderte von ihm nun Schmerzensgeld, Verdienstentgang etc. Die Sozialversicherung verlangte zudem sämtliche medizinischen Behandlungskosten. Ein Strafverfahren gab es noch als Draufgabe. In Summe beliefen sich die Forderungen auf mehrere Tausend Euro. Felix war verständlicherweise verzweifelt, denn er wusste nicht, wie er das Geld aufbringen sollte. Ich konnte in diesem Fall leider nichts für ihn tun, weil es keinerlei Versicherungsschutz gab. Felix schloss nach dieser Erfahrung alle ihm angebotenen Versicherungsverträge ab. Für den laufenden Fall half ihm das jedoch nicht mehr, sowohl den Anwalt als auch sämtliche übrige Kosten musste er aus eigener Tasche bezahlen. In Summe gingen Felix' komplette Ersparnisse für diese hohen Zahlungen drauf.

Dieses Beispiel zeigt, wie wichtig der Schutz der beiden Sparten Privathaftpflicht- und Rechtsschutzversicherungen ist – und zwar bevor ein Missgeschick wie dieses passiert. Wann du welche dieser Versicherungen benötigst, werde ich dir auf den nächsten Seiten erklären. Ich werde dir dabei helfen, zu verstehen, wie eng diese beiden Versicherungssparten miteinander verknüpft sind und wie sie dich in unterschiedlichen Situationen schützen können. Eines haben die beiden Sparten nämlich gemeinsam: Jeder Versicherungsfall ist einzigartig und daher individuell zu bewerten.

Es ist für Kundinnen immer schwierig, zu akzeptieren, dass Prognosen hinsichtlich einer Versicherungsleistung gerade in diesen Bereichen auf die Umstände des Einzelfalles ankommen (dies ist nicht umsonst die Lieblingsantwort von Rechtsanwältinnen). Ein kleiner Unterschied in der Sachlage kann hier aber tatsächlich zur Folge haben, dass ein Versicherungsfall bei einem Kunden zu hundert Prozent bezahlt wird, während eine andere Betroffene eine Ablehnung erhält.

Ich bin selbst keine Freundin unkonkreter Antworten, hier ist die Vagheit aber keinesfalls eine Sache des Nichtwollens, sondern vielmehr des Nichtkönnens. Nichts ist mir persönlich unangenehmer, als einem Kunden die Hoffnung zu vermitteln, dass er aufgrund eines eingetretenen Schadenfalles eine Leistung zu erwarten hätte, und hinterher stellt sich das Gegenteil heraus, weil ein wichtiges Detail bei der Ersteinschätzung gefehlt hat.

Wer sich schon einmal die Versicherungsbedingungen von Privathaftpflicht- und Rechtsschutzversicherungen angesehen hat, weiß, wie verwirrend und kompliziert diese sein können. Selbst Fachleute und Juristinnen kommen oft zu konträren Auslegungen in Bezug auf manche Schadenfälle.

Die Rechtsschutzversicherung

Es gibt kaum eine andere Versicherung, über die man mehr Halbwahrheiten zu hören bekommt als über diese. Entsprechend gewaltig sind die Erwartungen vieler Kunden, die in der Realität leider oft nicht erfüllt werden können. Enttäuschung ist hier daher oft der Co-Pilot. Eines muss man nämlich vorweg sagen: Es gibt keine Vollkasko-Rechtsschutzversicherung. Das ist zwar der Wunschtraum aller Kunden, entspricht aber leider nicht der Realität. Sprechen wir Klartext – es ist rein wirtschaftlich nicht möglich, mit einer durchschnittlichen Jahresprämie (für eine Familie) in der Höhe eines einzigen Stundenhonorars eines Anwaltes eine Rechtsdeckung für absolut jeden denkbaren Streitfall zu haben. Man muss kein Mathematikgenie sein, um zu erkennen, dass sich das rechnerisch nicht ausgehen kann.

Aus diesem Grund haben sich die Versicherungsanstalten etliche Ausschlüsse überlegt, die vor allem finanziell nicht kalkulierbare Risiken umfassen. Dazu zählt beispielsweise, ein Haus zu bauen oder eine Wohnung zu kaufen. Verfahren aus solchen Bereichen haben oft sehr hohe Streitwerte und münden in weiterer Folge in horrende Kosten. Das Risiko für eine allfällige Versicherung kann nicht in eine Prämie gegossen werden – und selbst wenn, würde diese keiner kaufen, weil sie zu teuer wäre.

Nichtsdestotrotz ist die Rechtsschutzversicherung in meinen Augen ein Schutz, den man unbedingt haben sollte. Zu schnell kann man unverschuldet z. B. in ein Strafverfahren verwickelt werden und einen Anwalt brauchen. Die Kosten sind in jedem Fall vom Beschuldigten zu tragen, egal wie das Verfahren ausgeht. Ja, richtig gelesen, bei Strafverfahren musst du (in Österreich) für die Kosten deiner Anwältin auch dann selbst aufkommen, wenn du das Verfahren gewinnst.

Was ist in der Rechtsschutzversicherung versichert?

In der Rechtsschutzversicherung gibt es verschiedenste Deckungsbausteine, die man – wie bei einer Speisekarte – in den Vertrag aufnehmen kann oder nicht. Das System ist auf einem Basisschutz aufgebaut, der fixe Bausteine umfasst und nicht abänderbar ist. Andere Bausteine, z. B. Erbrechtsschutz oder Kfz-Rechtsschutz, kannst du dazukaufen, wenn das für dich Sinn ergibt.

Aber beginnen wir von vorne. Von der Kostenseite übernimmt eine Rechtsschutzversicherung folgende Positionen:

- Kosten von Anwälten,
- Gerichtskosten,
- Zeugengebühren,
- Sachverständige,
- Prozesskosten, wenn der Versicherte dafür aufkommen muss, und
- Bevorschussung von Strafkautionen im Ausland (z. B. nach einem Verkehrsunfall).

Von den verfügbaren Leistungsbereichen sind dies die wichtigsten Bausteine:

Beratungsrechtsschutz: Dieser gibt dir die Möglichkeit, in regelmäßigen Abständen (die erlaubte Frequenz ist bei den Anbietern unterschiedlich geregelt – von monatlich über viertel- bis halbjährlich) eine Anwältin bezüglich eines Themas zu befragen, das für dich gerade aktuell ist. Diese Beratung umfasst nur eine erste und oberflächliche Einschätzung, ist aber für Kunden oft hilfreich und völlig ausreichend. Sie ersetzt aber keine Beratungsstunde beim Anwalt, die zum Normaltarif gebucht wird, wo sich der Rechtsanwalt mehr Zeit nimmt und dein Anliegen daher viel genauer beantworten kann. Bei diesem Vertragsbaustein ist es wichtig, zu wissen, dass die Versicherungen stets nur ihre eigenen Vertragsanwälte akzeptieren und du daher in Bezug auf die Beratung keine freie Anwaltswahl hast, auch wenn diese für den Schadenfall im Vertrag vereinbart wurde.

Susis Praxistipp

Die meisten Anbieter haben mittlerweile eine Juristen-Hotline installiert, an die man sich wenden kann, um am Telefon sein Thema mit einer Expertin zu besprechen. Eine sinnvolle Einrichtung, weil dies die Schadenbelastung deines Vertrages schont. Ich höre diesbezüglich von unseren Kunden stets gutes Feedback – keine Wartezeit für einen Anwaltstermin, keine Fahrzeiten, einfach und rasch am Telefon das Problem mit dem Inhouse-Juristen besprechen. Einfacher geht es kaum. Natürlich ist die Option nicht für komplexe Themen geeignet, aber vieles lässt sich so lösen. Ich rate dir daher: Wenn deine Rechtsschutzversicherung diesen Service anbietet, nutze ihn!

Schadenersatzrechtsschutz: Hier geht es um die Geltendmachung deiner eigenen Ansprüche jemand anderem gegenüber. Wenn du beispielsweise als Fußgänger von einer unachtsamen Fahrradfahrerin umgefahren wurdest und diese verweigert jegliche Zahlungen, dann musst du dir vermutlich für die Durchsetzung deiner Ansprüche anwaltliche Hilfe nehmen.

Strafrechtsschutz: Wenn du das Beispiel von soeben umdrehst und du wärst die Radfahrerin, die einen Fußgänger verletzt hat, dann droht dir wahrscheinlich ein Strafverfahren wegen fahrlässiger Körperverletzung. Ab dann solltest du dir spätestens einen Anwalt nehmen. Wie schon zuvor erwähnt: Egal, wie dieses Verfahren ausgeht (also auch bei Freisprechung), du musst die Kosten für den Anwalt selbst tragen. Auch hier hilft dir eine Rechtsschutzversicherung.

Strafrechtsschutz für Vorsatzdelikte: Nein, damit ist nicht gemeint, dass sich jeder kriminell austoben und sich dann auf Kosten der Rechtsschutzversicherung vor Gericht vertreten lassen kann. Es gibt jedoch Strafdelikte, die man nur vorsätzlich begehen kann. Genau um die geht es hier.

Fallbeispiel

Wir hatten vor einigen Jahren den Fall eines jungen Mannes, der stundenweise in einer Trafik aushalf, um etwas dazuzuverdienen. Eines Tages beschuldigte ihn seine Chefin, er hätte Geld aus der Geschäftskasse entnommen. Das ist eine Straftat, die man nur vorsätzlich begehen kann (man kann ja nicht unabsichtlich in die Geldlade greifen). In diesem Fall wurde unser Kunde von jeglicher Schuld freigesprochen und daher wurden seine Anwaltskosten von der Versicherung nachträglich übernommen. Wäre er schuldig gesprochen worden, hätte es keine Leistung gegeben, denn eine Versicherung kann und darf niemals für die Unterstützung einer Straftat eine Leistung erbringen.

Ermittlungsstrafrechtsschutz: Eigentlich ist in den Bedingungen der Rechtsschutzversicherung verankert, dass die Kosten erst ab Anklage übernommen werden. In der Phase der Ermittlungen kann eine Anwältin aber oft schon die Einstellung des Verfahrens erwirken und somit hilfreich sein. Mit diesem Baustein sind die Anwaltskosten bereits während der Ermittlungsphase abgedeckt.

Allgemeiner Vertragsrechtsschutz (Privatbereich): Hier geht es um Verträge im privatrechtlichen Sinn, also beispielsweise deinen Handyvertrag oder den Fall, dass du einen Möbelkauf tätigst und die Firma falsch, zu spät oder gar nicht liefert. Nicht zu verwechseln ist dies mit einem Vertragsrechtsschutz im Firmenbereich, solltest du selbstständig sein. Der Handyvertrag, den du als Selbstständiger über dein Unternehmen abgeschlossen hast, wäre somit auch nur im Rahmen eines Vertragsrechtsschutzes für Firmen versichert. Versicherungen differenzieren stark, ob du einen Vertrag als Privatperson oder Unternehmerin eingehst. Alles, was dich als Unternehmerin betrifft, muss somit durch einen entsprechenden Unternehmerrechtsschutz abgedeckt werden (in den du wiederum deinen Privatrechtsschutz integrieren kannst – du brauchst also nur einen Vertrag abzuschließen).

Versicherungsvertragsrechtsschutz: Streitfälle mit Versicherungen, auch das soll es geben. In manchen Versicherungssparten ist es ratsam, bei Versicherungsabschlüssen gleich eine Rechtsschutzversicherung mit dem Baustein Versicherungsstreitigkeiten dazuzunehmen. Bei bestimmten Personenversicherungen, wo es im Schadenfall um extrem hohe Beträge und letztlich Existenzfragen geht, ist das tatsächlich sinnvoll.

Lenkerrechtsschutz: Dieser Baustein greift dann, wenn du ein nicht auf dich selbst zugelassenes Fahrzeug fährst. Du borgst dir z. B. den fahrbaren Untersatz deiner Schwester aus, es passiert ein Unfall und du möchtest Schmerzensgeld von der Gegenseite geltend machen. Dann hilft dir der Lenkerrechtsschutz. Dieser Baustein wird oft mit dem Kfz-Rechtsschutz verwechselt, der wiederum dann benötigt wird, wenn man ein eigenes Fahrzeug hat.

Ausfallsversicherung für gerichtlich bestimmte Ansprüche aus Personenschäden: Meinem Mann ist vor einigen Jahren Folgendes passiert: Ein Radfahrer konnte bei einer roten Ampel vor dem Schutzweg nicht mehr bremsen und fuhr ihm sehr unglücklich in den Rücken. Heftige Schmerzen über mehrere Wochen waren die Folge. Der Schadenverursacher wurde zwar schuldig gesprochen und hätte Schmerzensgeld zahlen müssen, da der Betroffene aber mittellos war, half dieses Urteil nichts. Die Ausfallsversicherung der Rechtsschutzversicherung greift in solchen Fällen, damit du als Versicherungskunde nicht auf deinen Forderungen sitzen bleibst.

Bei den meisten Produkten endet hier der sogenannte Basisschutz. Alles, was ich nachfolgend aufzähle, sind somit Bausteine, die du bei den meisten Anbietern extra dazubuchen kannst.

Sozialversicherungsrechtsschutz: Wie der Name schon sagt, sind hier Streitigkeiten mit deiner Sozialversicherung abgedeckt.

Arbeitsgerichtsrechtsschutz: Streitigkeiten mit dem Dienstgeber kommen häufiger vor, als man denkt. Sei es eine ungerechtfertigte Kündigung oder Entlassung oder ein Streit um die Überstundenabrechnung, mit diesem Zusatz hast du auch solche Streitigkeiten abgedeckt.

Erb- und Familienrechtsschutz: Diese Bausteine werden so gut wie immer im Doppelpack angeboten. Beim Erbrechtsschutz sind Streitigkeiten aus Erbangelegenheiten inkludiert, die Abwicklung einer Erbschaft per se jedoch nicht. Der Baustein »Familienrechtsschutz« umfasst z. B. Streitigkeiten im Zusammenhang mit Unterhaltszahlungen.

Liegenschaftsrechtsschutz: Darunter fallen Streitigkeiten aus privat genutzten Liegenschaften. Dies kann z. B. die Erhöhung der Miete oder die Betriebskostenabrechnung sein, ebenfalls sind häufige Streitpunkte übermäßige Geruchs- oder Lärmbelästigung durch Nachbarn. Ein weiterer Klassiker: der Ast der Nachbarin, der über den Gartenzaun hängt und beim Rasenmähen oder anderen Aktivitäten hinderlich ist.

Fahrzeugrechtsschutz: Diesen Zusatz sollten alle Zulassungsbesitzer von Kraftfahrzeugen haben. Da es in vielen Familien nicht nur ein Auto gibt, sondern mehrere (oder zusätzliche Anhänger oder Mopeds/Motorräder), gibt es die Möglichkeit, »sämtliche auf die Familienmitglieder angemeldeten Fahrzeuge« zu versichern. Hier sind ausdrücklich keine betrieblich genutzten Fahrzeuge gemeint, denn die gehören in einen eigenen Firmenrechtsschutzvertrag. Also auch der privat genutzte Dienstwagen gehört hier nicht hinein, den muss dein Dienstgeber im Rahmen seiner betrieblichen Versicherung abdecken.

In Anbetracht der Tatsache, dass die einzelnen Bausteine in dieser Sparte nicht viel kosten und man nie weiß, was einem künftig alles widerfahren wird, empfehle ich, einen möglichst umfassenden Schutz zu wählen. Denk daran, dass auch unerwartete Erbschaften passieren und sich daraus langjährige und teure Streitfälle ergeben können. Häufig wird auch im Vorfeld gern behauptet: »Ich streite mit meinen Geschwistern nicht ums Erbe.« Leider habe ich in der Praxis bereits genügend Fälle gesehen, wo es im Akutfall gänzlich anders kam. Oder du hast jahrelang in bestem Einvernehmen mit deinen Nachbarinnen gelebt und dann ziehen sie aus und mit den Nachfolgern gibt es tägliche Auseinandersetzungen. Wie ärgerlich, wenn man dann wegen ein paar Euro den Baustein »Mietrechtsschutz« nicht genommen hat.

Was ist in der Rechtsschutzversicherung nicht versichert?

Wie schon eingangs erwähnt, gibt es in dieser Sparte besonders viele Ausschlüsse, hier eine nicht vollständige Aufstellung:

- Geldstrafen,
- eigenmächtige Beauftragung von Anwälten,
- Streitigkeiten mitversicherter Personen untereinander,
- alles, was mit bewilligungspflichtigen Bauangelegenheiten zu tun hat,
- Verträge über unbewegliche Güter (Haus, Wohnung, Grundstück ...) und
- bei Vertragsabschluss bereits laufende Verfahren bzw. Streitigkeiten.

Welche Verpflichtungen hast du als Versicherungskundin?
Regel Nummer 1 ist sicherlich, dass man im Falle eines Gerichtsverfahrens VOR Beauftragung des Anwaltes denselben eine Deckungsanfrage an die eigene Rechtsschutzversicherung richten lässt. Dein Anwalt weiß, was die Versicherung wissen will, worauf es in der Angelegenheit ankommt, und er sollte das Prozedere kennen. Wichtig ist nämlich, dass zuerst das Okay seitens der Rechtsschutzversicherung da sein muss, bevor er kostenpflichtig tätig wird.

Zu oft passiert es, dass Kunden eigenmächtig eine Anwältin engagieren und dann höchst ungehalten sind, wenn die Honorarnote nicht von der Versicherung bezahlt wird. Leider fragen auch nicht alle Anwälte bei ihren Klientinnen nach, ob es einen Rechtsschutzvertrag gibt, sondern werden gleich aktiv.

Anwältinnen verrechnen ihre Leistungen entweder als Pauschalhonorar, nach Zeit oder nach Tarif. Für die letztgenannte Variante wird das Rechtsanwaltstarifgesetz als Basis herangezogen. Darin findest du die anwaltlichen Leistungen katalogisiert und zugeordnet. Als Basis für die jeweilige Leistung wird meist der Streitwert herangezogen. Obwohl es also für den Anwalt den gleichen Arbeitsaufwand bedeutet, ein Forderungsschreiben für eine Klientin aufzusetzen, in dem es um einen Streitwert von 1.000 Euro oder um 10.000 Euro geht, können der Mandantin dafür völlig unterschiedliche Beträge verrechnet werden (wenn dies nicht im Vorfeld mit einer Pauschale abgeklärt wurde).

Das solltest du über die Rechtsschutzversicherung wissen:

Nice2Know

Selbstbehalte

Ich bin ja prinzipiell eine Freundin von Selbstbehalten. So kann man seine Fixkosten dauerhaft reduzieren, muss sich aber bewusst sein, dass man im Schadenfall einen eigenen Anteil zu leisten hat. Bei der Rechtsschutzversicherung rate ich diesbezüglich jedoch immer zur Vorsicht. Fast alle Anbieter von Rechtsschutzprodukten bieten auch die Möglichkeit, einen Selbstbehalt zu vereinbaren. Im Gegenzug erhältst du einen Rabatt auf die Prämie. Überlege dir aber gut, ob du das willst. Bestehst du nämlich im Schadenfall darauf, deinen eigenen Anwalt ins Rennen zu schicken, kommt dieser Selbstbehalt zum Tragen. Wenn in der Selbstbehaltsvereinbarung nun kein Limit nach oben vorgesehen ist, sondern nur »zehn Prozent oder zwanzig Prozent des Schadens« vereinbart sind, kann dich das bei einem teureren Verfahren viel Geld kosten. Die meisten Bedingungen, die ich kenne, haben dieses Limit nicht und können damit zur echten Kostenfalle werden. Wenn du in so einem Fall hingegen den Vertragsanwalt der Versicherung nimmst, bleibt dir der Selbstbehalt erspart. Für mich stellt sich allerdings die Frage, ob sich die Prämienersparnis rechnet, wenn ich im Gegenzug auf mein Recht der freien Anwaltswahl verzichte. Letztlich bleibt das wieder Abwägungssache.

Wartezeiten

In Bereichen, in denen absehbar ist, dass ein Streitfall auf dich zukommen könnte, gibt es Wartezeiten, während derer du noch keinen Versicherungsschutz genießt. Wenn also die Oma die nächsten Monate höchstwahrscheinlich nicht überleben wird, ist es zwecklos, für diesen Fall noch schnell einen Erbrechtsschutz abzuschließen. Die leistungsfreie Zeit beträgt hier nämlich zwölf

Monate. Du musst in dieser Zeit trotzdem deine Prämie in voller Höhe bezahlen. Dieser Schutzmechanismus wurde eingeführt, um reine Zweckabschlüsse zu verhindern. Es glauben nämlich immer noch viele Menschen, sie könnten eine Rechtsschutzversicherung dann abschließen, wenn der Hut schon brennt. So funktioniert das Versicherungsprinzip aber nicht – weder beim Rechtsschutz noch in anderen Sparten.

Streitfälle, die allerdings völlig unvorhersehbar sind (und z. B. in den Bereich Strafrecht oder Schadenersatz fallen), sind sofort und ohne Wartezeit vom Versicherungsschutz erfasst. Wenn du heute über die Straße läufst und einen Verkehrsunfall verursachst, ist dies nicht absehbar gewesen, daher gibt es für solche Fälle keine Wartezeiten.

Susis Praxistipp

Solltest du deine Rechtsschutzversicherung wechseln, ist es üblich – allerdings nur, wenn man dies im Antrag vermerkt –, dass auf diese Wartezeiten verzichtet wird, soweit der Leistungsbaustein schon im vorherigen Vertrag bestanden hat. Wenn du also den Bereich Erbrechtsschutz beim neuen Vertrag erstmals dazunimmst, bleibt es bei der Wartezeit von zwölf Monaten. War dies schon im Vorvertrag ein Bestandteil, entfällt diese Frist und du musst nicht erneut warten, bis der Schutz besteht.

Scheidungen

Immer wieder wird mir die Frage gestellt, ob Scheidungsverfahren von der Rechtsschutzversicherung gedeckt sind – nicht selten sogar dann, wenn die Ehe bereits am Ende ist, die Scheidung bevorsteht und bis dato noch kein Rechtsschutzvertrag bestanden hat. Die Antwort lautet nein, da über die Rechtsschutzjahresprämie kein komplettes Scheidungsverfahren finanziert werden kann.

Susis Praxistipp

Überlegt in einer Partnerschaft gut, wer von euch den Versicherungsvertrag abschließt. Derjenige, der als Versicherungsnehmer darin angeführt wird, ist nämlich derjenige, der über den Vertrag entscheidet. Dies kann insbesondere nach Trennungen für einen Partner ungut werden, wenn beispielsweise um Unterhaltszahlungen gestritten wird. Jener Partner, der den Vertrag innehat, wird die Rechtsschutzversicherung in Anspruch nehmen können, der andere muss alles selbst bezahlen. Versicherungen akzeptieren daher in der Sparte Rechtsschutz – im Vergleich zu anderen Sparten – immer nur einen Versicherungsnehmer.

Abgrenzung zur Haftpflichtversicherung

Die Abgrenzung zwischen Haftpflicht- und Rechtsschutzversicherung ist unscharf. Man kann sie nicht klar voneinander trennen, vielmehr sind sie miteinander verzahnt und bieten in Kombination einen optimalen Schutz gegen unvorhersehbare Ereignisse, die letztlich jeden von uns treffen können. Jedenfalls hast du mit einer Rechtsschutzversicherung den Schutz, deine Rechte aktiv einfordern zu können. Daher wird sie oft sinnbildlich als das »Schwert« bezeichnet. Die Haftpflicht hingegen ist der »Schutzschild«. Umgelegt auf Fußball (und ich bin nun mal eine Fußballmama) könnte man die beiden Sparten auch als »Stürmer« und »Verteidiger« bezeichnen.

Die Privathaftpflichtversicherung

Erinnerst du dich noch an die Geschichte von Felix, die ich am Anfang dieses Kapitels geschildert habe? Mit der Privathaftpflichtversicherung wären bei diesem Schaden die Ansprüche des geschädigten Skifahrers bzw. auch die Abwehr von dessen eventuell ungerechtfertigten Forderungen versichert gewesen. Da gerade bei Personenschäden die Forderungen fast ins Unermessliche steigen können, ist es jedem anzuraten, eine solche Versicherung abzuschließen. Sie zählt somit zu jenen Verträgen, die dir helfen können, deine Existenz nicht zu verlieren, und somit zum Must-have in deinem Versicherungsordner. Eine Verpflichtung, so einen Versicherungsschutz für sich abzuschließen (wie wir das von der Kfz-Haftpflicht kennen), besteht allerdings nicht.

Meist musst du dir über den Abschluss eines solchen Vertrages nicht allzu viele Gedanken machen, denn in Österreich ist die Privathaftpflichtversicherung ein fixer Bestandteil der Haushaltversicherung. Das heißt, du musst diese nicht separat abschließen, weil sie da im Gesamtpaket enthalten ist. In Deutschland ist dies anders, da stellt sie einen separat abzuschließenden Vertrag dar.

Trotzdem ist es mir wichtig, dass du die Bedeutung dieser Sparte verstehst. Um dir zu zeigen, wie ernst es mir mit dem Thema ist, verrate ich dir etwas: Kundinnen, die sich weigern, solch einen Vertrag für sich und ihre Familie abzuschließen, werden von mir und meinem Team nicht betreut. Es ist schlichtweg unverantwortlich und gleicht einem Drahtseilakt bei Orkanstärke, aber ohne Netz. Zumal man ja sagen muss, dass die Prämie pro Monat weniger kostet als ein Cappuccino to go und daher die Kostenseite kein Argument sein sollte. Ich denke, jetzt habe ich dir drastisch genug erklärt, wie wichtig diese Versicherung für dich und deine Familie ist. Was sie kann, wann sie zahlt und was es zu beachten gibt, erkläre ich dir auf den folgenden Seiten.

Schadenersatzregelungen

Jetzt wirds kurz juristisch. In Österreich ist es so, dass du schadenersatzpflichtig bist, wenn du jemand anderem Schaden zufügst (egal ob es sich hier um Sachbeschädigung oder Körperverletzung handelt). Dieser Schadenersatz kann in unterschiedlicher Form erfolgen und von der Neuanschaffung einer zerstörten Sache über die Reparatur einer beschädigten Sache oder Schmerzensgeld bis hin zu Regresszahlungen an die Sozialversicherung des Geschädigten reichen, wenn du für einen Unfall die Schuld trägst und die Krankenkasse die Behandlungskosten von dir rückerstattet haben will etc. Diese Verpflichtung, für den eigenen Schaden einzustehen, soll dafür sorgen, dass Geschädigte den erlittenen Schaden geltend machen können und somit ersetzt bekommen. Alles andere wäre unfair und somit hat dieses Gesetz seine Berechtigung.

Wie du vermutlich schon bemerkt hast, versuche ich, dich in diesem Buch weitestgehend mit Paragrafen und Gesetzesdetails zu verschonen. Viel wichtiger ist mir, dir die Informationen mitzugeben, die du als Versicherungskundin kennen solltest, um zu verstehen, wie bestimmte Situationen versicherungstechnisch gesehen werden. Daher werde ich dich auch jetzt nicht mit Gesetzestexten zulabern – nur so viel sei gesagt: Die Bestimmungen des Zivilrechts sind im Allgemeinen Bürgerlichen Gesetzbuch (ABGB) niedergeschrieben. Obwohl dieses Werk schon in die Jahre gekommen ist – es stammt aus dem Jahr 1811 –, ist es bis heute gültig. Und auch wenn die eine oder andere Formulierung darin heutzutage etwas schrullig klingt, so sind die Inhalte des ABGB doch klar und verständlich. Die Bedingungen der Privathaftpflichtversicherung beruhen auf diesen Bestimmungen. Wenn Kunden mit einer Schadenabwicklung in dieser Sparte nicht zufrieden sind, liegt das oft an den Bestimmungen des ABGB, nicht am Unwillen der Versicherung.

Haftung vs. Deckung

Was im Zusammenhang mit der Haftpflichtversicherung häufig verwechselt wird, sind die Begriffe »Haftung« und »Deckung«. Das Vorliegen einer Haftung für einen Schaden setzt nicht automatisch die Deckung einer Haftpflichtversicherung voraus und umgekehrt. Darin liegt allerdings viel Verwirrungspotenzial. Viele Menschen denken nämlich, die Haftpflichtversicherung würde jeden Schaden übernehmen, den sie jemand anderem zufügen. So ist es aber nicht. Auch hier gibt es einige Gründe, warum eine Versicherung die Zahlung verweigert. Geht jemand beispielsweise aggressiv auf andere zu und verletzt sie, dann kann das nicht von der Versicherungsgemeinschaft bezahlt werden, da eine solche Vorgehensweise Tür und Tor für Kriminalität öffnen würde. Die Ausschlussgründe werden ein paar Seiten weiter noch im Detail beschrieben.

Kommen wir zurück zu den zwei oft miteinander vermischten Begriffen: *Haftung* besteht immer dann, wenn du von jemandem geschädigt wirst und aufgrund von Gesetzen einen Anspruch gegenüber diesem Verursachenden hast. Das Dramatische für den Schädiger: Er haftet unbegrenzt und ungeachtet dessen, ob er eine diesbezügliche Versicherung hat oder nicht. Eine Haftung kann einen somit relativ schnell treffen. Bleiben wir auch hier wieder bei meinem Lieblingsbeispiel mit dem Fahrrad. Wenn du mit dem Fahrrad eine andere Radfahrerin anfährst und verletzt, wird diese Schmerzensgeld von dir verlangen und die Reparatur (oder den Ersatz) ihres Fahrrades obendrein. Dafür haftest du – Versicherung hin oder her.

Von einer *Deckung* aus deiner eigenen Haftpflichtversicherung spricht man dann, wenn du aufgrund dieses Vertrages Versicherungsschutz bekommst. Dies erfolgt entweder derart, dass der Versicherer den Schaden des Geschädigten bezahlt oder – wenn die Forderung nicht gerechtfertigt ist – diese Ansprüche abwehrt. Durch diese Schutzfunktion befreit die Versicherung sozusagen ihren Versicherungskunden von dessen Haftung. Um das Schadenbeispiel mit dem Fahrrad zu Ende zu denken: Wenn nach Prüfung aller Fakten Versicherungsschutz besteht, wird deine Haftpflichtversicherung der geschädigten Radfahrerin das zugewiesene Schmerzensgeld bezahlen sowie das kaputte Fahrrad ersetzen.

Wie du dir vorstellen kannst, haftet man relativ schnell für etwas, das man getan hat. Ob man Versicherungsschutz genießt, kann erst nach Prüfung des Einzelfalles entschieden werden. Es ist daher schwierig, bei unklarem Sachverhalt einzuschätzen, wie eine Richterin den Fall entscheiden würde. Wenn ich an die Fortbildungen in meiner Branche denke, ist Haftpflichtversicherung ein Dauerbrenner und es gibt zu kaum einem anderen Thema mehr Schulungen. Viele dieser Seminare bestehen darin, dass die OGH-Urteile der letzten Jahre, die im Zusammenhang mit Haftpflichtversicherungen ergangen sind, zerpflückt werden. Sollte sich allerdings ein ähnlicher Fall zutragen und im Sachverhalt ist auch nur eine Kleinigkeit anders als bei dem im Detail durchbesprochenen Schadenfall, kann der Ausgang völlig anders aussehen.

Wir Versicherungsexperten können dir eine Versicherungslösung für deinen individuellen Haftpflichtbedarf bieten. Wenn es ums Thema Haftungen geht, sprechen wir allerdings von juristischen Belangen und diese gehören von einem Juristen abgeklärt. Es gibt mittlerweile Fälle, in denen sich Versicherungsmakler zum Thema Haftungen so ausführlich geäußert haben, dass sie von einem Anwalt eine Abmahnung bekommen haben, mit der Begründung, dass hier die Kompetenzen überschritten wurden. Es kann also nicht nur teuer werden, sondern es ist einfach nicht unser Job, juristische Fragen zu behandeln. Auch wir schicken Kunden regelmäßig mit ihren spezifischen Haftungsfragen zur Anwältin. Diese kann, darf und soll sich um genau solche Themen kümmern.

Was ist in der privaten Haftpflichtversicherung versichert?

- Bei Sachschäden: die Kosten der Wiederherstellung bzw. der Ersatz der beschädigten Gegenstände
- Bei Personenschäden: Schmerzensgeld, Bergungskosten, medizinische Behandlungskosten, Verdienstentgang, Umbaukosten von Wohnung oder Haus (z. B. bei Invalidität), bei bleibenden Schäden lebenslange Rente etc.
- Bei ungerechtfertigten Ansprüchen: Abwehrkosten (passiver Rechtsschutz)

Örtlich gesehen sind in nahezu allen aktuellen Bedingungen der Privathaftpflichtversicherung weltweite Deckungen zu finden. Somit kannst du sorglos auf Urlaub fahren und genießt während deiner Reise – egal wo auf der Welt – Versicherungsschutz.

Susis Praxistipp

In alten Haushaltversicherungen sind leider immer noch reine Europadeckungen im Umlauf. Das bedeutet, dass Schäden, die sich außerhalb Europas ereignen, nicht versichert sind: Solche Verträge sind absolut nicht mehr zeitgemäß. Du solltest diese Bedingungen auf eine weltweite Deckung ändern lassen.

Wenn ein Schadenfall passiert, prüft deine Haftpflichtversicherung zunächst den Sachverhalt. Sie leistet nur dann, wenn Versicherungsschutz für den Schadenfall besteht und eine gesetzliche Haftung deinerseits gegeben ist. In deinem Versicherungsvertrag wirst du unter der Sparte »Privathaftpflichtversicherung« eine Pauschalversicherungssumme finden. Dies ist jener Betrag, den die Versicherung maximal pro Schadenfall leistet. In den heutigen Tarifen sind hier Beträge von 2 Millionen Euro aufwärts vorgesehen. Im Falle eines Personenschadens kann es selbst mit derartigen Summen knapp werden. Für die Differenz haftest du als Privatperson (mit deinem kompletten Hab und Gut), da lohnt es sich, einen ordentlichen Schutz anzustreben. Glaube mir, wir sprechen hier von Peanuts im Vergleich zu anderen Versicherungssparten. Daher ein absoluter No-Brainer. Und mittlerweile weißt du ja, immer wenn ich ein Risiko als existenzgefährdend einstufe (und da sind wir gerade bei einem diesbezüglichen Hotspot), empfehle ich, das unbedingt zu versichern.

Ich erinnere mich noch sehr gut, als mir vor einigen Jahren ein Student erklärte, er passe gut auf, ihm passiere schon nichts. Daher brauche er keine Privathaftpflichtversicherung. Derartige Aussagen bewirkten bei mir viele Jahre lang völliges Unverständnis und erhöhten Puls, aber mittlerweile versuche ich, auch solche Situationen – in der Sprache meiner Kinder – »gechillt« zu meistern, und spiele ein kurzes Schadenszenario mit einem verletzten Dreißigjährigen durch, der zwei kleine und somit noch versorgungspflichtige Kinder sowie eine Frau in Karenz hat und infolge dieses Unfalles ein lebenslanger Pflegefall bleibt. Wenn man die einzelnen Kostenfaktoren zusammenzählt, kommt man auf mehrere Millionen Euro. In 99 Prozent aller Fälle reicht dieser drastische – aber keinesfalls unrealistische – Schadenfall aus, um nicht weiter über dieses Thema diskutieren zu müssen.

Damit diese – zugegebenermaßen etwas schwer zu verstehende – Sparte mehr an Praxisrelevanz gewinnt, folgen hier ein paar Beispiele für Haftpflichtschäden aus unserer Kanzlei. Der Sachverhalt ist der Einfachheit halber verkürzt wiedergegeben. Wie bereits erwähnt, kommt es immer auf die Umstände des Einzelfalles an, um zu entscheiden, ob ein entsprechender Schaden über eine Haftpflichtversicherung gedeckt ist oder nicht.

- In einem Geschäft stößt man aus Ungeschicklichkeit mit dem Einkaufswagen etwas um.
- Beim Retournieren des Einkaufswagens am Supermarktparkplatz wird ein fremdes Auto beschädigt.
- Ein Kind spielt mit dem Fußball im eigenen Garten, der Ball gerät außer Kontrolle und zerschlägt eine Fensterscheibe des Nachbarn.
- Im Zuge einer Einladung bei Freunden stößt ein Kind eine Lampe vom Tisch, diese zerbricht.
- Ein Kind fährt zu nah mit seinem Fahrrad an einem parkenden Auto vorbei und hinterlässt daran eine Schleifspur.

Susis Praxistipp

Wenn du heute eine Haftpflichtversicherung abschließt, brauchst du unbedingt die erweiterte Zusatzdeckung, da hier Zusätze inkludiert sind, die standardgemäß nicht beinhaltet sind. Ein Beispiel wäre, dass auch Schäden gegenüber Verwandten inkludiert sind, die normalerweise in den Bedingungen ausgeschlossen werden. Wenn du auf ein vernünftiges Produkt der neuen Generationen zurückgreifst, sollte dies schon integriert sein. Frag zur Sicherheit aber nach, da es um wesentliche Schutzbausteine für dich und deine Familie geht.

Was ist in der Privathaftpflichtversicherung nicht versichert?
Es gibt eine ganze Reihe von Sachverhalten, die im Rahmen dieser Sparte nicht erfasst sind. Bei vielen davon ist aber einleuchtend, weshalb sie auf der Leider-nein-Liste stehen. Zu den Ausschlüssen zählen z. B.

- Eigenschäden – eine Leistung ergeht in der Haftpflichtversicherung immer an eine (geschädigte) dritte Person, aber nicht an den Vertragsinhaber selbst,
- Schäden, die durch vorsätzliches oder rechtswidriges Handeln herbeigeführt werden,
- Schäden, die durch Inkaufnahme herbeigeführt werden (darunter versteht man eine Handlung oder Unterlassung, durch die der Schadeneintritt zu erwarten war, aber eben in Kauf genommen wurde),
- Schäden im Zusammenhang mit Kfz (dafür gibt es ja die Kfz-Haftpflichtversicherung),
- das Abhandenkommen von Sachen sowie

- Gefahren, die nicht dem täglichen Leben zugeordnet werden können. Der OGH muss immer wieder klären, ob ein Schadenfall dem täglichen Leben zugeordnet werden kann oder nicht. Man möchte nicht glauben, womit sich unsere Richter manchmal auseinandersetzen müssen (z. B. Kind mit Wasserbombe, Manipulieren an einer Waffe, Böller in Postkasten, Ohrfeige für Ex-Freund, Anzünden einer Benzinlacke).

Welche Verpflichtungen hast du als Versicherungskundin?
Nicht nur die Versicherung hat eine Verpflichtung, im Schadenfall eine Leistung zu erbringen, auch du als Versicherungskundin musst dich an gewisse Spielregeln halten. Dazu gehört, dass du im Vorfeld (also spätestens, wenn du den Antrag unterschreibst) deinem Versicherungsbetreuer alle Umstände mitteilen musst, die für die Risikoeinschätzung relevant sein können. Dazu gehört z. B., ob du einen Hund besitzt oder ein unbebautes Grundstück. Am sichersten fährst du jedenfalls, wenn du alle möglicherweise relevanten Dinge gleich zu Beginn angibst. Wenn du etwas als selbstverständlich voraussetzt und weglässt, könntest du im Schadenfall Probleme bekommen. Ein wichtiger Grundsatz bei allen Versicherungen lautet: Du bist dazu verpflichtet, Gefahren möglichst so zu vermeiden, dass kein Versicherungsfall eintritt.

Susis Praxistipp

Wenn dir etwas Relevantes passiert ist, mach schnellstmöglich eine Meldung bei deiner Haftpflichtversicherung. Und hüte dich davor, dem Geschädigten irgendwelche Schuldeingeständnisse oder gar Zusagen über Zahlungen zu machen. Auch solltest du keinesfalls eigenmächtig eine Schadenzahlung vornehmen.

Ich verstehe es ja, oft sind die Geschädigten gute Freunde, Nachbarinnen oder Bekannte und es ist einem schon der Umstand unangenehm, ihnen einen Schaden zugefügt zu haben. Jetzt sollen sie auch noch auf ihr Geld warten, bis die Versicherung fertig recherchiert hat? Regelmäßig kommt es diesbezüglich zu Unstimmigkeiten zwischen Versicherungen und ihren Kundinnen. Du musst dir allerdings klar machen: Wenn du auf dem Schaden nicht sitzen bleiben möchtest, musst du die Spielregeln der Schadenabwicklung befolgen. Deine Versicherung wird den Sachverhalt prüfen und danach beurteilen, ob sie (für dich) zahlt oder abwehrt. Auch wäre es falsch, in dieser Situation eigenmächtig einen Anwalt zu nehmen und hinterher zu erwarten, dass ihn die Versicherung bezahlt. Diese Entscheidung trifft – wenn nötig – deine Haftpflichtversicherung und sie kümmert sich im Ernstfall auch um eine Rechtsvertreterin.

Es versteht sich von selbst, dass man in so einer Situation alles tun muss, um den Sachverhalt dem Versicherer detailliert und wahrheitsgemäß mitzuteilen. In diesem Moment Dinge zu beschönigen oder eine Information wegzulassen, ist keine gute Idee. Damit riskierst du deinen Versicherungsschutz.

Susis Praxistipp

Wenn es sich um beschädigte oder kaputte Gegenstände handelt, hebe diese für Beweiszwecke bitte unbedingt auf. Die Versicherung hat das Recht (und davon macht sie auch Gebrauch), den Sachverhalt zu überprüfen, und dazu kann sie sich den beschädigten Gegenstand zusenden lassen. Dann prüft ein Sachverständiger, ob die getätigte Schadenmeldung mit dem tatsächlichen Schaden übereinstimmt und plausibel ist.

Das solltest du über die Privathaftpflichtversicherung wissen:

Nice2Know

Die Sache mit dem Zeitwert

Jetzt kommen wir zu einem Thema, das vielen nicht bewusst ist. Es geht um die Tatsache, dass im Rahmen der Haftpflichtversicherung immer nur der Zeitwert einer Sache bezahlt wird. Der Grund ist jener, dass durch den Schadenersatz, den die Haftpflichtversicherung für dich leistet, der Geschädigte so gestellt werden soll, als sei der Schaden gar nicht passiert. Er darf dadurch aber keine Besserstellung erfahren.

Stellen wir uns also vor, dass du beim Besuch bei Freundinnen deinen Teller Spaghetti mit Tomatensugo durch Ungeschicklichkeit auf den Boden befördert und dich damit für immer im Teppich verewigt hast. Bei einem teuren Teppichmodell wird die Versicherung eine Reinigung vorschlagen. Wird der Teppich dabei aber nicht mehr richtig sauber, schuldest du deinen Freundinnen nicht die Wiederbeschaffung eines neuwertigen Teppichs, sondern nur den sogenannten Zeitwert. Damit ist der Wert der beschädigten Sache zum Zeitpunkt des Versicherungsfalls gemeint. Ist der Teppich also schon mehrere Jahre alt, so zahlt deine Haftpflichtversicherung lediglich den aktuellen Wert des Teppichs und das ist erfahrungsgemäß aus Sicht der Geschädigten immer zu wenig, woraus Streitpotenzial resultiert.

Versicherungsbetrug

Wer kennt solche Geschichten nicht? Da fällt jemandem sein nagelneues iPhone auf den Fußboden und schnell findet sich im Freundes- oder Bekanntenkreis ein vermeintlicher Schädiger, der die Schuld auf sich nimmt und behauptet, er hätte es getan. Es wird eine Schadenmeldung fingiert und man versucht, das kaputte Display auf diesem Wege refundiert zu bekommen. Das ist jedoch nichts anderes als Versicherungsbetrug und hier drohen Freiheitsstrafen von bis zu sechs Monaten, bei schweren Vergehen sogar von mehreren Jahren. Gerade die Haftpflichtversicherung ist bei Versicherungsbetrügerinnen sehr beliebt. Daher gehe ich auf dieses unrühmliche Thema an dieser Stelle ein.

Auch Versicherungen leben nicht hinterm Mond und aus den Gesprächen mit diversen Schadenabteilungsleiterinnen großer österreichischer Versicherungen wird bestätigt, dass unmittelbar nach dem Erscheinen des neuesten iPhones besonders viele Modelle der vorigen Generation(en) kaputtgehen. Es ist erstaunlich, dass gerade zu dieser Zeit vermehrt iPhones ins Aquarium oder sogar in den Punschtopf fallen oder dass Hunde just dann besonderen Gefallen an dem Ding finden und hineinbeißen. Es ist ziemlich offensichtlich, dass viele dieser Kunden keinen Schaden hatten, sondern sich ihr altes Handy vergolden lassen wollen, um sich das neueste Modell zuzulegen.

Eine ähnlich krasse Situation gibt es auch bei Flachbildschirmen unmittelbar vor großen Fußballevents wie Welt- oder Europameisterschaften. Auch bei Schadenmeldungen rund um Brillen schrillen in den Schadenabteilungen der Versicherungen die Alarmglocken: Brillen zählen nämlich auch zu den Objekten, die sehr häufig jemand anderes zerbricht. Solche Betrugsversuche sind ärgerlich für die vielen ehrlichen Kundinnen, die tatsächlich die Brille ihrer Oma zerbrochen haben und daher – zu Recht – eine Entschädigung erwarten. Auch sie müssen sich durch das Prozedere der Schadenabwicklung quälen, um zu ihrer Leistung zu kommen. Auch hier kann ich nur dringend dazu raten, immer bei der Wahrheit zu bleiben, wenn es darum geht, eine Schadenmeldung zu formulieren.

Ich gratuliere dir, wenn du das Kapitel bis zum Schluss gelesen hast. Ich weiß, diese beiden Versicherungssparten Rechtsschutz und Haftpflicht sind komplex und für viele besonders langweilig. Umso großartiger, dass du auch hier am Ball geblieben bist. Das ist ein Zeichen dafür, dass du es ernst meinst und deine Versicherungen verstehen und sie künftig dauerhaft auf gesunde Beine stellen willst.

Freizeit & Gesundheit

In diesem Kapitel geht es nicht mehr um sogenannte Sachversicherungen, sondern um die Gruppe der Personenversicherungen. Wie der Name schon sagt, geht es hier nicht um die Absicherung deines Besitzes, sondern um den Schutz von dir selbst und deiner Familie.

Kennst du Murphys Gesetz? Es besagt, dass alles, was

schiefgehen kann, auch schiefgehen wird. Das ist keine sehr optimistische Grundeinstellung und trifft auch nicht uneingeschränkt zu. Aber wer kennt nicht die typischen Situationen im Familienalltag: wenn die Milch am Herd genau in der Sekunde übergeht, in der dein Jüngster austestet, wie Mentos-Kaubonbons mit Cola reagieren, und sich zeitgleich der Haustiger am Weihnachtsbaum zu schaffen macht und mitsamt diesem umfällt. Ich kenne das nur zu gut – Familienleben ist wie eine wilde Achterbahnfahrt: mal aufregend, mal chaotisch, aber immer voller Abenteuer! Nicht immer geht alles gut aus und schon kleine Missgeschicke in Haushalt oder Garten können zu einem lebenslangen Handicap führen.

Eine Unfallversicherung kannst du dir wie einen Helm vorstellen, den dein Kind während wagemutiger Fahrradtricks trägt, oder wie ein Sicherheitsnetz für wilde Trampolinsprünge. Doch auch für Alltagssituationen ist eine Unfallversicherung sinnvoll: Es genügt oft schon, wenn sich dein Mann oder du selbst auf die Leiter schwingen, um eine Lampe zu montieren oder die letzten Kirschen vom Baum zu pflücken. All das sind Klassiker, bei denen zunächst niemand eine Gefahr vermutet.

Ein Unfall kann jedoch auch in viel harmloseren Situationen passieren. Erst vor ein paar Tagen fiel ich – peinlicherweise im Stehen – mitsamt meinem Fahrrad um. Dummerweise war die Hausmauer unserer Nachbarn im Weg. Ich kann von Glück sagen, dass ich mit handtellergroßen Prellungen in sämtlichen Violetttönen davongekommen bin. Nur einen Monat zuvor bin ich beim Wandern mit meiner Familie in ein Unwetter geraten, auf einer glitschigen Baumwurzel ausgerutscht und so unglücklich mit der rechten Hand aufgekommen, dass ich diese gut zwei Wochen nicht einsetzen konnte.

Auch beim Skifahren ist es immer wieder erstaunlich,

welche Verletzungen man sich zuziehen kann, wenn man im Stehen umfällt. Von den Unfällen mit hoher Geschwindigkeit auf der Piste und Kollisionen mit anderen Skifahrerinnen oder gar einem Baum möchte ich gar nicht sprechen. Ich denke, du weißt, wovon ich spreche. Und für genau diese Gefahren gibt es eine Wunderwaffe: die Unfallversicherung.

Die private Unfallversicherung

Die private Unfallversicherung zählt nicht umsonst zu jenen Versicherungsverträgen, die jeder von uns haben sollte, egal ob man alleinstehend ist oder Familie hat. Sie kann im Ernstfall Existenzen retten, da die Auswirkungen von Unfällen oft unkalkulierbar sind. Man kann sie sich wie den ultimativen Bodyguard in der Welt der Missgeschicke vorstellen.

Jeder zweite Österreicher hat keine private Unfallversicherung. Da wird am falschen Platz gespart und das Argument der hohen Kosten lasse ich hier nicht gelten. Sie kostet vermutlich sogar weniger, als du für deinen Handytarif monatlich bezahlst. Schauen wir uns ein banales Missgeschick wie das Ausrutschen auf einer Bananenschale an. Eine solche Situation mag zwar in Filmen zum Brüllen komisch sein, doch in der Realität kann sie schnell zur Existenzbedrohung für dich und deine Angehörigen werden. Wenn du nach so einem Ausrutscher nur ein paar Prellungen hast, ist es nicht weiter schlimm. Selbst ein Bruch, der ordentlich verheilt, stellt meist keine langfristige Belastung dar. Anders sieht es allerdings aus, wenn du bei so einem Unfall einen bleibenden Schaden davonträgst. Ein Bänderriss, der nicht mehr ordentlich verheilt, kann beispielsweise eine Bewegungseinschränkung zur Folge haben. Im Worst Case – wenn etwa Verletzungen des Rückens passieren – kann es ein Leben im Rollstuhl bedeuten. Genau hier setzt deine Unfallversicherung an.

Mir ist klar, dass man sich im Zusammenhang mit Personenversicherungen mit Schreckensszenarien auseinandersetzen muss, was man naturgemäß nicht gerne tut. Ich möchte hier nicht kategorisch schwarzmalen. Meine Aufgabe ist es jedoch, dir die möglichen drastischen Folgen eines auf den ersten Blick kleinen Ausrutschers aufzuzeigen. Zum Glück passieren wirklich dramatische Unglücksfälle nicht häufig, aber in Anbetracht der geringen finanziellen Aufwendungen und der Folgen, die ein lebenslanges Handicap für eine Familie bedeuten kann, sollte eine Unfallversicherung ein absoluter No-Brainer sein.

Dass die Unfallversicherung immer wichtiger wird, zeigen Statistiken, wonach sich allein in Österreich jährlich rund 735 000 Unfälle ereignen (Quelle: Kuratorium für Verkehrssicherheit, IDB Austria 2022). Nicht alle davon gehen glimpflich aus. Und genau um diese Fälle geht es bei der Unfallversicherung.

Was ist in der privaten Unfallversicherung versichert?

Verkürzt kann man sagen, dass diese Sparte Versicherungsleistungen für dauerhafte Folgen abdeckt, die durch einen Unfall eingetreten sind. Diese Folgen können von körperlichen Schäden bis hin zum Tod vieles umfassen. Konkret sind folgende Leistungen versicherbar:

- **Unfalltod:** In diesem Fall erfolgt eine einmalige Leistungssumme, die zuvor vereinbart wurde.
- **Invalidität:** Sie ist das Kernstück einer Unfallversicherung. Auf die hier vereinbarte Versicherungssumme wird zurückgegriffen, wenn eine Invalidität attestiert wird. Zehn Prozent Invalidität bedeutet somit, dass zehn Prozent der Versicherungssumme an die Kundin ausbezahlt werden.
- **Taggeld:** Das Taggeld kann man als Zusatz mitversichern. Hier wird für jeden Tag der völligen Arbeitsunfähigkeit ein zuvor ver-

einbarter Betrag ausbezahlt. Dieser Baustein ist für jene Berufsgruppen sinnvoll, die bei einer Arbeitsunfähigkeit einen tatsächlichen Verdienstentgang haben (z. B. Selbstständige, Mitarbeiter in der Gastronomie, Arbeiterinnen, die Diäten oder Zulagen erhalten). Für die meisten ist dieser Baustein allerdings entbehrlich.

- **Spitalgeld:** Dieses wird für jeden Tag geleistet, den man infolge eines Unfalles stationär in einem Spital verbracht hat. Auch dieser Tagsatz wird im Vorfeld abgestimmt und im Vertrag verankert. Dieser Baustein ist ebenfalls nicht für alle Menschen sinnvoll (siehe meine Bemerkungen zum Punkt Taggeld).
- **Unfallkosten (Heil-, Bergungs-, Rückholkosten):** Dazu zählen z. B. Zahnersatz, diverse Prothesen, diverse Behandlungen und Hubschraubereinsatz.
- **Unfallrente:** Eine lebenslange monatliche Rente ab dem Erreichen eines bestimmten Invaliditätsgrades wird ausbezahlt.
- **Knochenbruchpauschalen:** Das sind einmalige Pauschalzahlungen, wenn ein Unfall nur einen Knochenbruch zur Folge hatte, aber keine bleibende Beeinträchtigung.
- **Kosmetische Operationen** nach einem Unfall sind in den allermeisten Produkten inkludiert.

Was ist in der privaten Unfallversicherung nicht versichert?

- **Profisport:** Vor allem, wenn der Profisport mit einer Bezahlung einhergeht, sollte man vorsichtig sein. Hier muss genau überprüft werden, was im Vertrag erfasst ist und was nicht.
- **Rekordversuche:** Bei gefährlichen Rekordversuchen (z. B. Sprünge von Klippen oder Hochhäusern) greift die Unfallversicherung nicht.
- **Gefährliche Sportarten:** Wenn du Kitesurfer, Paragleiterin, Segelflieger, Fallschirmspringerin, Rafter, Bungee-Jumperin etc. bist, ist mit der Versicherung abzuklären, ob diese Sportart vom Versicherungsschutz umfasst ist. Entweder wirkt sich das erhöh-

te Risiko, das dein Hobby mit sich bringt, in Form einer höheren Prämie aus oder du musst dich damit abfinden, bei der Ausübung dieser Sportarten keinen Unfallschutz zu haben.

- **Tauchen:** Tauchen wird meist nicht automatisch mitversichert, vor allem nicht Tiefsee-, Wrack- oder Höhlentauchen. Du kannst diese Sportarten zwar versichern, aber es ist anfragepflichtig und kostet mehr als ein 08/15-Vertrag. Für Taucherinnen gibt es übrigens Spezialversicherer, die eine angemessen hohe Versicherungssumme bei Notwendigkeit einer Dekompressionskammer zur Verfügung stellen. Ich empfehle, zusätzlich eine solche Versicherung abzuschließen, da hier die Kosten im Ernstfall explodieren können und herkömmliche Unfallversicherungen da oft nicht ausreichen.
- **Motorsportliche oder andere Wettbewerbe/Meisterschaften:** Wettbewerbe sind ein wichtiger Umstand, der regelmäßig zu Streitfällen führt und vor Gerichten landet. Für Sportler ist entscheidend, ob sie in einer Landes- oder Bundesliga spielen. Bitte in solchen Fällen unbedingt Rücksprache mit deiner Versicherungsmaklerin halten.
- **Klettern:** Klettern ist oft ab Schwierigkeitsgrad V nicht mehr versichert – auch das ist individuell zu klären. Auch Eisklettern wird – wenn überhaupt – nur über Zuschläge gedeckt.

Susis Praxistipp

Im Urlaub lässt man sich manchmal zu Aktivitäten überreden, die man zu Hause vielleicht nicht ausprobieren würde. Wenn du eine gefährliche Sportart einmalig ausübst, beispielsweise während einer Urlaubsreise, besteht bei guten Versicherungsverträgen sehr wohl Schutz. Es könnte hier allerdings eine Maximalleistung vereinbart sein (die niedriger ist als die Summe für andere Unfälle in deinem Vertrag). Somit brauchst du zumindest keine Angst davor zu haben, dass du gar keinen Schutz hast. Prüfe deinen Vertrag also auf diesen Umstand bzw. bestehe bei einem Neuabschluss darauf.

Weiters ist in Unfallversicherungen nicht versichert:

- die Benutzung von Explosionskörpern, die verboten sind,
- Unfälle beim Begehen strafbarer Handlungen,
- Kriegsereignisse, außer diese sind überraschend eingetreten,
- innere Unruhen, wenn man aufseiten der Unruhestifter beteiligt ist,
- wesentliche Beeinträchtigungen durch Alkohol, Drogen und Medikamente,
- Herzinfarkt oder Schlaganfall beim Autofahren als Unfallursache (diese sind standardmäßig nicht versichert, aber in guten Tarifen bereits integriert),
- Erfrierungen, Ertrinken, Ersticken, Insektenstiche, Schlangenbisse, Verschlucken (bei Kindern) etc., diese sind in Standarddeckungen ebenfalls nicht immer dabei, gelten in Qualitätsprodukten aber sehr wohl als Unfälle.

Susis Praxistipp

Den Einfluss von Alkohol sollte man in Zusammenhang mit Unfallversicherungen nicht unterschätzen. Zahllose Streitfälle beruhen darauf, dass der Versicherte verunfallt ist, weil er betrunken war. Auch hier gibt es mittlerweile Produkte am Markt, die bis zu bestimmten Promillesätzen leisten. Das soll keine Aufforderung zum hemmungslosen Betrinken sein, kann aber im Schadenfall darüber entscheiden, ob die Versicherung zahlt oder nicht.

Das solltest du über die staatliche Unfallversicherung wissen:

Nice2Know

Aber der Staat wird es schon richten?
Hier muss ich gleich abwinken. Nur Arbeitsunfälle fallen in Österreich in den Bereich der staatlichen Unfallversicherung. Das ist aber nur ein kleiner Teil vom Unfallaufkommen in Österreich, nämlich rund fünfzehn Prozent. Stolze 85 Prozent aller Unfälle passieren somit im Freizeitbereich, wie du am nachstehenden Diagramm ablesen kannst.

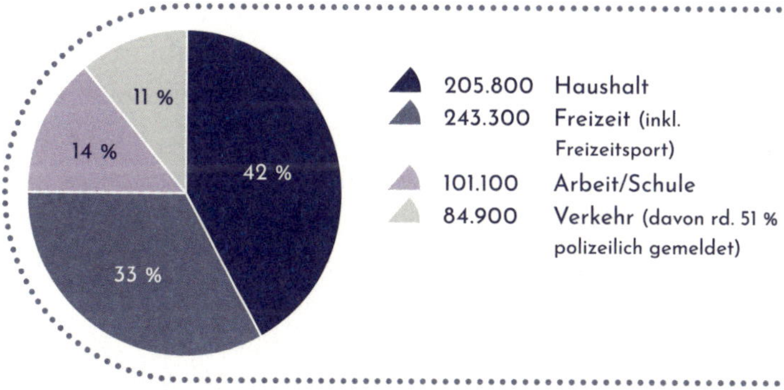

Grafik #2 Verletzte nach Lebensbereichen,
Quelle: Kuratorium für Verkehrssicherheit (KFV), IDB Austria 2022

Das staatliche Unfallversicherungssystem greift nur dann, wenn sich der Unfall am *direkten* Weg zu oder von deiner Arbeitsstelle ereignet oder bei der Ausübung deines Berufs. Das waren im Jahr 2022 somit rund 101 000 Unfälle, während die übrigen rund 634 000 Unfälle nicht in diese Kategorie fielen. Was bedeutet das im Klartext? Wenn ich heute einen Unfall außerhalb meines Arbeitsbereiches erleide, bekomme ich zwar die notwendige medizinische Versorgung. Aber wenn ich durch diesen Unfall einen bleibenden Schaden davontrage, also körperlich beeinträchtigt bleibe, erhalte ich keine Leistungen aus dem staatlichen Unfallversicherungssystem.

Noch dramatischer wird die Sache, wenn der Unfall beim Wandern oder Skifahren passiert und du unwegsames Gelände nicht mehr aus eigener Kraft verlassen kannst. Wir haben jedes Jahr solche Schäden für unsere Kundinnen abzuwickeln und daher kann ich aus Erfahrung sagen: Allein die Hubschrauberbergung kostet je nach Flugdauer (abgerechnet wird hier nach Minuten in der Luft!) mehrere Tausend Euro. Die Krankenkasse bezahlt nur den Transport im Tal, nicht jedoch die Bergung aus dem Gebirge selbst. So ergeben sich schnell Rechnungen von 10.000 Euro, die privat zu bezahlen sind. Auch diese Kosten sind im Rahmen einer privaten Unfallversicherung inkludiert. Oft wird man nach einer solchen Bergung direkt im Ort behandelt, da die dort ansässigen Ärzte meist gut für solche Fälle ausgestattet und routiniert sind. Dabei handelt es sich jedoch meist um Privatpraxen. Auch diese Kosten übernehmen die meisten privaten Unfallversicherungen.

Danger-Zone: Schülerinnen, Studenten, Hausfrauen und -männer

Die meisten Mütter und Väter sind schockiert, wenn ich darüber berichte, dass Kindergartenkinder nahezu keinen Unfallversicherungsschutz genießen. Das wissen die wenigsten. Für Kindergartenkinder gilt der eingeschränkte staatliche Versicherungsschutz nur im letzten Jahr vor Schuleintritt. Es kann also entscheidend sein, ob dein Kind mit drei oder fünf Jahren vom Klettergerüst am Kindergartenspielplatz fällt. Mit drei Jahren gibt es somit nichts von Vater Staat. Schüler und Studentinnen wiederum sind lediglich mit einer minimalen Summe unfallversichert, die im Ernstfall nicht ausreicht. Obendrein gilt auch hier, dass nur die Zeit während des Unterrichts oder der Vorlesung versichert ist, zudem der direkte Weg von der Schule oder zur Universität und umgekehrt. Ein löchriger Schutz sozusagen. Daher empfiehlt es sich auch für diese Gruppe, eine private Unfallversicherung abzuschließen.

Auch Hausfrauen und -männer sind nicht geschützt, da es für sie keine gesetzliche Unfallversicherung gibt. Wie schnell man von einer Leiter fallen kann, wurde schon eingangs erwähnt. Somit ist diese Gruppe besonders gefährdet, nach einem Unfall nicht ausreichend abgesichert zu sein.

Weltweiter 24/7-Schutz

Im Vergleich zum staatlichen System bietet dir eine private Unfallversicherung einen weltweiten Schutz. Du musst also auch bei einer Fernreise keine Angst haben, wenn dir vor Ort ein Unfall mit Folgen passieren sollte. Hinsichtlich Rückholung etc. gibt es verschiedene Gestaltungsmöglichkeiten, hier sollte man sich im Vorfeld genau erkundigen und zusätzlich eine Auslandsreisekrankenversicherung in Betracht ziehen. Die Beträge im Versicherungsfall können schnell sechsstellig werden und eine Unfallversicherung reicht zur Deckung häufig nicht aus. Bei Reisekrankenversicherungen ist es meist so geregelt, dass Rückholungen ins Heimatland lediglich dann erfolgen, wenn es keine adäquate medizinische Versorgung vor Ort gibt.

Das Hauptargument für eine private Unfallversicherung liegt darin, dass es keine zeitlichen und örtlichen Ausschlüsse gibt. Übrigens zahlt die private Unfallversicherung immer *zusätzlich* zu einer allfälligen staatlichen Leistung. Du wirst also nicht finanziell benachteiligt, weil du selbst vorgesorgt hast. Die private Unfallversicherung deckt je nach gewähltem Produkt auch Unfallrenten, Bergekosten und Privatarztkosten.

Falsches Sicherheitsgefühl

Verlasse dich bitte nicht auf die Mitgliedschaft in (Sport-)Vereinen oder deine Kreditkarte, wenn es um das Thema Unfallversicherung geht. Oft hast du im Zuge einer Mitgliedschaft Zusatzleistungen wie eine Unfallversicherung. Bei genauerer Betrachtung sind diese Deckungen aber oft nicht viel wert, weil sie entweder erst bei Großschäden leisten und/oder ihnen viel zu geringe Versicherungssummen zugrunde liegen. Mit so einem Schutz kann man häufig nicht viel anfangen.

Hinzu kommt, dass man bei solchen Zusätzen schnell die Übersicht verliert, und zwar mehrfachen Versicherungsschutz hat und sich daher besonders sicher fühlt, im Ernstfall aber bei sämtlichen infrage kommenden Stellen gegen Wände läuft. Nicht selten ist der Schutz nämlich auf Unfälle im Rahmen der Vereinstätigkeit beschränkt. Ich kann nur sagen: Finger weg von solchen Verträgen. Eine Unfallversicherung ist einzig und allein dann sinnvoll, wenn sie rund um die Uhr und weltweit gilt.

Für Kreditkarten gilt Ähnliches. Dort ist oft nur der Kreditkartenbesitzer selbst versichert, nicht aber Partnerin und Kinder. Oft sind auch noch weitere Voraussetzungen (wie kürzliche Kartennutzung) erforderlich, um hieraus eine Leistung in Anspruch nehmen zu können.

Gefahrenklassen

Darunter versteht man die Einteilung verschiedener Berufe in unterschiedliche Risikogruppen. Es ist einleuchtend, dass ein IT-Techniker ein anderes Verletzungsrisiko hat als ein Dachdecker. Die Gefahrenklasse bestimmt deine Prämie mit und daher ist es wichtig, dass du bei einem Berufswechsel mit deinem Versicherungsmakler diesbezüglich Rücksprache hältst. Oft ändert sich für dich gar nichts, doch es kann zu einer sogenannten Risikoerhöhung aus Sicht der Versicherung kommen, wenn du von einer Schreibtischtätigkeit ins Handwerk wechselst. Umgekehrt kann sich die Prämie auch verringern, wenn du künftig einer risikoärmeren Profession nachgehst. In jedem Fall bist du verpflichtet, diesen Umstand zu melden.

Besondere Berufe

Du bist Musiker, Ärztin oder Künstlerin? Dann würde für dich der Verlust oder die Beeinträchtigung eines Fingers möglicherweise das Berufsaus bedeuten. Deshalb gibt es für derart sensible Kundengruppen eigene Tarife, z. B. kann da der Verlust eines Daumens bei einem Chirurgen eine hundertprozentige Invaliditätsleistung bewirken, während dies bei einem Standardtarif lediglich zwanzig Prozent Invaliditätsleistung nach sich zieht. Ebenfalls gibt es Personen, die einem Strahlenrisiko ausgesetzt sind (medizinisches Personal, Labormitarbeiterinnen etc.). Auch für diesen Personenkreis gibt es Speziallösungen. In diesem Zusammenhang ist es daher wichtig, dass du bei einer Versicherungsberatung die Berufe aller zu versichernden Familienmitglieder offenlegst. Nur so kann das individuell beste und richtige Produkt für dich ausgewählt werden.

Alleinerzieher- oder Familienprodukte

Wie der Name schon sagt, gibt es spezielle Tarife für Familien, die heute von nahezu allen Versicherungshäusern angeboten werden. Hier wird die Prämie im Familienverband günstiger kalkuliert, als wenn jeder einen Einzelvertrag abschließen würde. Bei kinderreichen Familien wird oft gar nicht für jedes Kind eine Prämie verrechnet.

Susis Praxistipp

Gerade in Altverträgen gibt es immer noch wahnwitzige Varianten, in denen für das Familienoberhaupt (meist den Vater) die volle Summe (hundert Prozent), für die Mutter nur mehr fünfzig Prozent und für die Kinder oft nur 25 Prozent der Versicherungssumme zur Verfügung stehen. Diese Staffelung zeigt, aus welchen Zeiten diese Produkte stammen. Zum Glück gehören derartige Tarife mittlerweile der Vergangenheit an. Nichtsdestotrotz wird in vielen Familien gerade die Unfallversicherung jahre- oder jahrzehntelang unangetastet weitergeführt. Das ist auch der Grund, weshalb wir bei Neukunden heute noch fallweise auf solche Relikte stoßen. Solltest du solch einen alten Vertrag haben, ändere ihn unbedingt auf ein aktuelles Produkt.

Wenn du Kinder in deinem Vertrag mitversichert hast, achte darauf, dass diese bei Erreichen des achtzehnten Lebensjahrs auf den Erwachsenentarif umgestellt werden. Dies ist in den Versicherungsbedingungen deines Vertrages geregelt. Die Prämie ab achtzehn ist keine Kinderprämie mehr und die meisten Versicherer stellen daher automatisch um. Tun sie dies nicht, musst du bzw. deine Versicherungsbetreuerin selbst den Termin der Volljährigkeit kalendieren und die Prämie zum gegebenen Zeitpunkt umstellen lassen. Sonst zahlst du zwar auch nach dem achtzehnten Geburtstag eine geringere (Kinder-)Prämie, aber im Schadenfall wird die Leistung aliquot gekürzt. Auch für Senioren gibt es eine Umstellung, meist mit 65 oder 70 Jahren. Hier werden die Leistungen bzw. Summen gekürzt.

Mogelpackungen

Immer noch gibt es am Markt jede Menge Produkte, die erst dann zahlen, wenn ein gewisser Invaliditätsgrad erreicht ist. Diese Verträge sind zwar günstig, aber zahlen fast nie, da die meisten Unfälle keine hohen Invaliditätsgrade zur Folge haben. Für mich sind das keine vollwertigen Verträge, da sie Kunden ein falsches Sicherheitsgefühl vermitteln. Wenn ein Unfall passiert, können sich die wenigsten Betroffenen daran erinnern, dass die Versicherungsanstalt erst bei zwanzig Prozent oder gar fünfzig Prozent Invalidität zu zahlen hat. Da sind Ärger und Enttäuschung so gut wie vorprogrammiert. Achte daher darauf, dass deine Versicherung bereits ab einem Prozent Invalidität leistet.

Progressionen – Was ist das wieder?

In diesem Wort stecken große Leistungsunterschiede im Schadenfall. Fast alle Unfallversicherungen haben heutzutage eine Progression integriert. Unter »Progression« wird das überproportionale Ansteigen der Versicherungssumme für Invalidität verstanden. Meist greifen Progressionen ab zwanzig Prozent Dauerinvalidität. Dies bedeutet, dass bei einer hundertprozentigen Invalidität keine Auszahlung von hundert Prozent, sondern von 400, 500, 600 Prozent oder noch mehr erfolgt, je nachdem, wie das Produkt ausgelegt ist. Die Progressionskurve verläuft bei jedem Marktanbieter anders. So kann Anbieter A bei fünfzigprozentiger Invalidität eine Leistung in Höhe von hundert Prozent erbringen, während Anbieter B bereits 160 Prozent leistet; oder bei neunzigprozentiger Invalidität leistet ein Produkt mit 250, ein anderes mit 500 Prozent. Du siehst also, je dramatischer der Ausgang eines Unfalles, desto stärker unterscheiden sich die Auszahlungen auf Versicherungsseite aufgrund der Progression. Das ist mit ein Grund, immer das Gesamtpaket eines Versicherungsangebotes zu betrachten und nicht nur die Prämien gegenüberzustellen. Wir sprechen hier immerhin von mehreren 100.000 Euro Differenz bei Schadenzahlungen.

Anschaulich siehst du den Verlauf der Progressionskurven in dieser Abbildung:

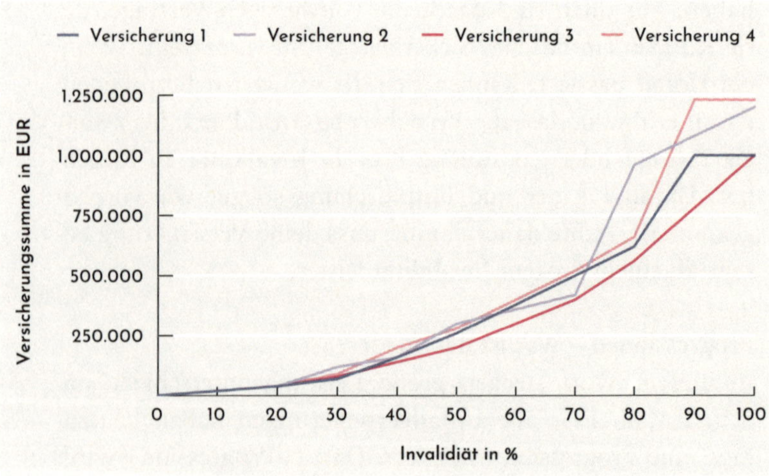

Grafik #3 Unterschiedliche Progressionsverläufe am Beispiel von vier Unfallversicherern, Versicherungssumme für Dauerinvalidität EUR 200.000,00

Susis Praxistipp

Egal, für welche Variante du dich entscheidest, setze deine Versicherungssumme keinesfalls zu niedrig an. Immer wieder bekommen wir Unfallversicherungen zur Überprüfung, die nur fünfstellige Versicherungssummen beinhalten. Im Schadenfall könnte das für die Betroffenen nur einen Tropfen auf den heißen Stein bedeuten. Die Empfehlungen für die Ermittlung der richtigen Versicherungssumme variieren vom vier- bis zum sechsfachen Bruttojahreseinkommen.

Die gruselige Gliedertaxe

Kommen wir nun zum makabren Teil der Unfallversicherung, der sogenannten Gliedertaxe. Dies ist eine Auflistung darüber, welche Invaliditätsgrade bei Verlust oder vollständiger Funktionsunfähigkeit einzelner Körperteile bzw. Organe gelten. Dabei gilt, dass Versicherungen den jeweiligen Wert selbst bestimmen können, was die Vergleichbarkeit auf dem Markt erschwert. Somit ist es möglich, dass für dieselbe Beeinträchtigung der eine Anbieter 35 Prozent der Versicherungssumme leistet, ein anderer hingegen fünfzig Prozent. Selten führt ein Unfall zum vollständigen Verlust eines Körperteils, meist bleiben jedoch teilweise Einschränkungen. Diese Einschränkung wird dann meist in einem Bruchteil angegeben – beispielsweise ein Viertel des Armwertes. Hier gilt jedenfalls: Du solltest immer auch die Gliedertaxe von mehreren Anbietern vergleichen, die Unterschiede sind zum Teil sehr groß. Im Schadenfall können zwischen Versicherer A und B immense Auszahlungsunterschiede liegen.

Wenn's doch passiert

Ich hatte leider im Laufe meiner Berufslaufbahn bereits mehrere massive Unfälle für meine Kunden abzuwickeln. Nachdem es hier stets um sehr viel Geld geht, gibt es in dieser Sparte auch viele Streitfälle. Hinzu kommt, dass die Gutachterin, die die Invalidität für die Versicherung feststellt, eine wichtige Rolle einnimmt. Letztlich entscheidet ihre ermittelte Prozentzahl über den Auszahlungsbetrag, den die Versicherungsanstalt leistet. Dass es hier zu Meinungsverschiedenheiten kommt, ist nahezu vorprogrammiert. Bei Gutachtern, die ausschließlich für Versicherungen arbeiten, wird seitens der Kundinnen nicht selten vermutet, dass diese tendenziell im Sinne der Versicherung handeln. Oft gibt es in solchen Fällen Gegengutachten oder den Schritt vor Gericht. Eine Rechtsschutzversicherung lässt dich in solch einer Situation ruhiger schlafen.

Die Sache mit dem Mitwirkungsanteil

Wenn jemand bereits eine Krankheit oder ein Gebrechen hat, das den Eintritt einer Invalidität nach einem Unfall wahrscheinlicher macht oder diesen erhöht, dann spricht man im Versicherungsjargon von einem »Mitwirkungsanteil«. Dieser kann eine Invaliditätsleistung mindern. Das Ausmaß dieses Mitwirkungsanteils wird von einem Gutachter in Prozent bestimmt. Hat jemand beispielsweise nach einem Unfall eine Invalidität von sechzig Prozent und es wird eine Dreißig-Prozent-Mitwirkung attestiert (aufgrund einer Vorerkrankung), bedeutet dies eine Reduktion auf vierzig Prozent Invalidität. Gerade in zunehmendem Alter ist das immer wieder Thema in der Schadenabwicklung. Mittlerweile haben viele Versicherer in ihren Bedingungen verankert, dass sie bis zu einem bestimmten Prozentsatz auf den Mitwirkungsanteil verzichten. Das sind bei manchen Häusern 25 Prozent, bei anderen 75 Prozent. Auch hier gilt daher: Vergleichen lohnt sich, da es im Schadenfall um sehr viel Geld gehen kann.

Die private Krankenzusatzversicherung

Fallbeispiel

Vor einigen Jahren meldete sich eine Bekannte bei mir, um für sich, ihren Mann und ihre Tochter eine Krankenzusatzversicherung abzuschließen. Wir rechneten für sie einige Varianten durch und während sich Petra sehr schnell für ein Produkt entscheiden konnte, zögerte Georg und wollte sich die Sache noch einmal überlegen. So wurde der Vertrag vorerst nur für Petra und Tochter Laura abgeschlossen. Zwei Monate später rief mich Georg an und fragte, ob es ein großes Problem sei, wenn er erst jetzt dem Vertrag beitreten würde. In einem Nebensatz erwähnte er, dass er einige Tage zuvor die Diagnose Multiple Sklerose bekommen hatte. Leider bedeutete das in diesem Zusammenhang Georgs Unversicherbarkeit.

Wie du an diesem realen Beispiel siehst: Das große Dilemma der Krankenzusatzversicherung ist, dass jene, die sie wollen, oft keine mehr bekommen oder mit Zuschlägen auf ihre Prämien rechnen müssen. Jene hingegen, die jederzeit eine abschließen könnten, lassen sich mit der Entscheidung oft zu lange Zeit. Letztlich zahlen beide Fraktionen einen höheren Preis dafür als notwendig. Ich predige in jeder meiner Beratungen, dass man das Thema dann ins Auge fassen sollte, wenn man jung und gesund ist. Dann ist eine entsprechende Versicherung durchaus erschwinglich und es gibt sogar Möglichkeiten, um mit ein paar Euro im Monat den Fuß in die Tür des privaten Krankenversicherungssystems zu bekommen.

Aber beginnen wir langsam: Wenn wir heutzutage von der privaten Krankenversicherung sprechen, geht es schon lange nicht mehr um den reich bestückten Obstkorb am Spitaltisch oder die täglich zugestellte Tageszeitung ans Krankenbett. Das ist Chichi und nicht das, weshalb man solch einen Vertrag abschließen sollte. Schauen wir uns die Entwicklung unseres Gesundheitssystems der letzten Jahre an: Wir werden immer älter, das hat unweigerlich zur Folge, dass wir das Gesundheitssystem immer länger in Anspruch nehmen. Gleichzeitig werden wir immer kränker – Erkrankungen wie Krebs sind seit den 80er-Jahren um rund fünfzig Prozent häufiger geworden, Herzkranzgefäßerkrankungen sogar um 150 Prozent. Auch diese Entwicklung gibt nicht gerade Hoffnung, dass sich die Situation des staatlichen Gesundheitssystems in Kürze bessern wird.

Nice2Know

Hinzu kommt das generelle strukturelle Problem unseres Gesundheitssystems. Der Health-Care-Effizienz-Index spiegelt wider, wie effizient Länder mit jedem Euro ihres Gesundheitsbudgets umgehen. Österreich rangierte hier 2020 auf Platz 32 und damit hinter Ländern wie Chile, Tschechien oder Thailand. Leider sind wir hier kein Glanzlicht im Vergleich zu anderen Ländern – Österreich gibt zwar unfassbare 40 Milliarden Euro jährlich für die Gesundheit seiner Bevölkerung aus, das sind höhere Pro-Kopf-Ausgaben als bei den meisten besser platzierten Staaten. Der Output lässt allerdings zu wünschen übrig. Hier sind asiatische Länder wie Singapur, Hongkong oder Taiwan die klaren Vorreiter (vgl. Bloomberg, Most Efficient Health Care 2020).

On top haben wir die Tatsache, dass niemand einschätzen kann, wie sich die Coronapandemie langfristig auf unser Gesundheitssystem niederschlagen wird. Ebenso sind die Langzeitfolgen, insbesondere psychische Erkrankungen in der Bevölkerung, vor allem vieler Kinder und Jugendlicher, nicht außer Acht zu lassen.

Seit Jahren macht sich außerdem ein Ärztemangel breit, der verschiedene Ursachen hat: Einerseits schaffen wir es nicht, unsere frisch ausgebildeten Ärzte in Österreich zu halten – viele von ihnen wandern ins Ausland ab. Andererseits stehen viele Ärztinnen in Spitälern vor dem Burn-out, weswegen sie einen Wechsel weg von der »Front« anstreben. Auch das Pflegepersonal in Spitälern ist nach der Pandemie großteils ausgebrannt. Die Unzufriedenheit ist groß und daher wandern auch hier viele in andere Arbeitsfelder ab. Junge Menschen für den Pflegeberuf zu begeistern, ist nicht einfach und braucht Zeit. Die mangelhafte Bezahlung ist auch keine Triebfeder, sich für diesen anstrengenden Beruf zu entscheiden. Dazu kommt, dass auch nicht jeder dafür geeignet ist. Ich gebe ganz offen zu, ich könnte diesen

Beruf nicht ausüben, und habe daher größte Hochachtung vor dem Pflegepersonal in Krankenhäusern und Altersheimen. Familienbedingt konnte ich in all diesen Bereichen zahlreiche Erfahrungen mit Schwestern und Pflegern sammeln und war jedes Mal schwer beeindruckt, was diese Menschen leisten. Ich werde nie die Pfleger auf der Palliativstation meines Vaters vergessen und mit welcher Liebe zum Menschen sie ihre Arbeit verrichteten. Einfach nur großartig.

Aber es gibt noch weitere Entwicklungen, die unserem Gesundheitssystem zu schaffen machen: Die Wartezeiten auf Operationen bzw. andere Behandlungstermine werden immer länger und dauern mittlerweile oft Monate. Ordinationen mit Kassenverträgen können oft nicht nachbesetzt werden, weil sich schlichtweg niemand dafür findet. Vor allem im ländlichen Raum haben wir heute schon Unterversorgungen, weil sich kein neuer praktischer Arzt den Job in manchen Gemeinden antun möchte. Familienfeindliche Arbeitszeiten und schlechte Bezahlung sind oft der Grund dafür. Dies hat zur Folge, dass die Wartezeiten auf einen Termin bei der Kassenfachärztin mitunter Monate betragen, soweit du kein medizinischer Notfall bist. Du musst zur Augenärztin? Dann wird dir von der Sprechstundenhilfe nicht selten ein Termin in drei bis vier Monaten vorgeschlagen.

Zudem werden in den nächsten zehn Jahren rund fünfzig Prozent aller Allgemeinmediziner und sechzig Prozent aller Fachärztinnen mit Kassenverträgen in Österreich in Pension gehen. Gleichzeitig geht der Trend zum Wahlarzt munter weiter, denn seit 1999 sind allein in Wien die Wahlarztzahlen von 4 500 auf über 10 000 im Jahr 2018 gestiegen. In Wien sind mittlerweile siebzig Prozent aller niedergelassenen Ärzte Wahlärzte ohne Kassenvertrag. Das Dilemma des Ärzteengpasses zeigt sich schon heute. Wer ein Kleinkind in Wien hat und in letzter Zeit eine Kinderärztin suchte, weiß, wovon ich spreche.

Ich habe selbst mit meinem Sohn eine Odyssee hinter mir, bis wir bei unserem jetzigen Kinderarzt gelandet sind. Zuerst waren wir bei einem renommierten Kinderarzt mit Kassenpraxis. Dort musste ich dann aber auf Drängen des Arztes mit meinem zwei Monate alten Säugling, der nur mit einer Windel bekleidet war, und den hundert Einzelteilen, die man als Jungeltern dabeihat, den Ordinationsraum verlassen. Er meinte, es dauere ihm zu lange, zu warten, bis ich fertig sei, ich solle mein Kind draußen anziehen. Dieser Arzt hat in seiner Ordination fünf (!) Praxisräume und wechselt im Hintergrund von Raum zu Raum (was ja prinzipiell eine vernünftige Methode ist, zeitsparend zu arbeiten). Bei Folgeterminen wurde ich stets mit den Worten »Wenn Sie es genau wissen wollen, müssen Sie in die Spitalambulanz fahren!« entlassen. Ich ging dann nicht mehr hin. Die Suche nach einem guten Kinderarzt erwies sich danach als nicht gerade leicht, ich war aber schließlich bei einem Wahlarzt erfolgreich. Und auch heute höre ich von vielen Familien, dass man gerade bei Kinderärzten fast keine Alternative hat, als eine Wahlärztin zu konsultieren.

Kommen wir nun aber zur Versicherungssparte. Ich erkläre dir im Folgenden, was die Krankenversicherung alles beinhaltet und welche Arten es gibt. Wenn man von privater Krankenversicherung spricht, meint man damit meist einen der folgenden beiden Hauptbereiche: *Sonderklasse oder stationärer Tarif* bzw. *Wahlarzt oder ambulanter Tarif.* Die beiden Versicherungsformen können jeweils einzeln oder auch in Kombination abgeschlossen werden.

Bis auf wenige Berufsgruppen, die in Österreich selbst entscheiden können, ob sie sich im staatlichen oder privaten Krankenversicherungssystem versichern (z. B. Rechtsanwälte, Notare, Steuerberater), gibt es bei uns eine Pflichtversicherung. Somit ist eine private Krankenversicherung immer als Zusatz zum staatlichen Versicherungssystem zu verstehen. Sie ist also per se nicht unbedingt notwendig, weil wir über die gesetzliche Krankenversicherung geschützt sind. Nachdem wir uns aber bereits mitten in der – von offizieller Seite geleugneten – Zwei-Klassen-Medizin befinden, ist sie absolut empfehlenswert. Im Folgenden stelle ich dir die Sonderklasse und den ambulanten Tarif detaillierter vor, damit du den Unterschied zwischen diesen beiden Versicherungsprodukten verstehst.

Sonderklasseversicherung

Diese deckt alle Leistungen ab, die erforderlich sind, wenn du stationär im Spital aufgenommen wirst. Bezahlt werden jedoch nur medizinisch notwendige Krankenhausaufenthalte. Eine reine Schönheits-OP kannst du nicht über deine Zusatzversicherung abwickeln. Der Grund für einen Spitalaufenthalt kann ein Unfall, eine Krankheit oder eine Schwangerschaft sein. Der Name »Sonderklasse« kommt von dem Umstand, dass du als Zusatzversicherte nicht auf der allgemeinen Gebührenklasse, sondern eben auf einer Sonderklasse liegst.

Wichtig ist für dich, zu wissen, dass es hier nach oben hin keine Beschränkung der Leistungen gibt. Das heißt, du bekommst alle Behandlungen, Eingriffe etc., die du brauchst, und das Spital rechnet alles direkt mit deiner privaten Krankenversicherung ab. Das funktioniert in allen Vertragskrankenhäusern so und diese können wiederum öffentlich oder privat sein. Die privaten Versicherer handeln ihre Verrechnungssätze jedes Jahr mit den Spitälern aus und danach wird die sogenannte Vertragskrankenhausliste erstellt. Als Zusatzversicherter schickt man dir diese Liste jedes Jahr mit der Index-Polizze zu. So weißt du, ob das von dir anvisierte Spital auch mit deinem Versicherer abrechnet. Dies ist aber bei nahezu allen Spitälern Österreichs der Fall.

Susis Praxistipp

Bevor man in einem Spital auf Sonderklasse eincheckt, ist unbedingt zu klären, ob dieser Aufenthalt und der geplante Eingriff von deiner Versicherung übernommen werden. Bei geplanten Eingriffen kann das stressfrei im Voraus mit entsprechenden ärztlichen Attesten abgeklärt werden. Bei akuten Spitalaufenthalten kommt man ohnedies oft zuerst auf die allgemeine Gebührenklasse. In weiterer Folge kann man immer noch das Okay seines Versicherers einholen und sich verlegen lassen.

Man unterscheidet beim Sonderklassetarif in jene Produkte, die im Leistungsfall einen Selbstbehalt an ihre Kundinnen verrechnen, und jene, die das nicht tun (und somit für die Kundin keine weiteren Ausgaben bedeuten). Nachdem die Prämien in dieser Sparte aber ohnedies jedes Jahr teurer werden, rate ich meinen Kunden durchwegs, bereits von Beginn an einen Tarif mit Selbstbehalt zu wählen. So hält sich die Prämie einigermaßen im Rahmen.

Auch die Ideenschmieden und Marketingabteilungen der privaten Krankenversicherungen schlafen nicht. Immer wieder strömen neue Produkte auf den Markt. Daher gibt es – im Vergleich zur Produktpalette vor ein paar Jahren – je nach Anbieter unterschiedliche Varianten mit Selbstbehalten. Die klassische Variante ist jene, bei der du einen fixen Selbstbehalt – egal in welchem Bundesland du dich befindest – bezahlst. Meist sind das um die 1.000 Euro. Dieser wird nur einmal pro Jahr zur Verrechnung gebracht. Also auch bei mehreren Spitalaufenthalten während des laufenden Jahres kommt kein weiterer Selbstbehalt zum Tragen.

Ebenso gibt es flexible Selbstbehaltsmodelle, wo es entscheidend ist, in welchem Bundesland du dich ins Spital begibst. So zahlst du beispielsweise in Wien (hier sind die Spitalaufenthalte am teuersten, daher gibt es hier die höchsten Selbstbehalte) bei den meisten Anbietern um die 1.500 Euro, während es im Burgenland oder in Niederösterreich nur ca. 500 Euro oder weniger sind (diese Beträge sind von Versicherung zu Versicherung unterschiedlich).

Einzelne Anbieter wiederum bieten die Möglichkeit, für die ersten Tage keinen und erst ab dem fünften Tag einen Selbstbehalt zu verrechnen. Wiederum andere Versicherer verlangen für die ersten fünf Tage einen geringen Selbstbehalt (z. B. 100 Euro pro Tag), dessen Höhe der Kunde variieren kann, der aber ab dem sechsten Tag nicht mehr anfällt. Du siehst, die Vergleichbarkeit nimmt immer mehr ab und das macht die Wahl nicht unbedingt einfacher. Die durchschnittliche Aufenthaltsdauer im Krankenhaus belief sich im Jahr 2022 bei Akutversorgungen übrigens auf 6,2 Tage (www.statistik.at).

Eine weitere Wahlmöglichkeit hast du in Bezug auf die Geltungsregion. Hier wird zwischen Bundeslandtarif oder Österreich/Wien-Tarif unterschieden. Wie der Name schon sagt, hast du beim Bundeslandtarif nur im gewählten Bundesland eine Kostendeckungsgarantie. Mit dem Kärnten-Tarif kannst du beispielsweise nicht in ein Wiener Spital gehen. Hingegen kannst du mit einem Wien-Tarif auch in ein Spital eines anderen österreichischen Bundeslandes gehen, also z. B. nach Tirol, und erhältst dort die Kostendeckung. Das ist deshalb so, weil der Wien-Tarif immer gleichzeitig für ganz Österreich gilt. Was viele übrigens nicht wissen: Meist hast du bei einem Sonderklassetarif auch Anspruch auf Leistungen in allgemeinen öffentlichen Krankenhäusern innerhalb Europas.

Einbettzimmer

Fallbeispiel

Als ich meine Tochter zur Welt brachte, wurde ich mit einer anderen Frau in einem Zweibettzimmer untergebracht. Was ich zu dem Zeitpunkt nicht wusste (aber sehr bald erfahren sollte), war, dass die werte Zimmergenossin ihr zwölftes Kind (ja, das ist kein Schreibfehler) zur Welt gebracht hatte. Der Rest der Familie kam auch gleich am ersten Tag, um das kleine Schwesterchen zu begrüßen. Ich gebe zu, ich war überfordert, als die Tür aufging und elf Kinder wie die Orgelpfeifen hintereinander zur Tür hereinkamen. Nicht zu vergessen der Vater, der eine beeindruckend laute Stimme hatte. Damals fragte ich zaghaft im Spital nach, was es kosten würde, auf ein Einzelzimmer zu wechseln. Die Aussicht, die nächsten Tage täglich das Zimmer voller Kinder zu haben, war nicht gerade berauschend. Da ich keinen Einbettzimmerzusatz in meiner Krankenversicherung habe, biss ich in den sauren Apfel und zahlte privat den Aufschlag. Die anschließende Ruhe war mir allerdings jeden Cent wert.

Das ist keine Notwendigkeit und natürlich muss es nicht jeden gleich so hart treffen wie mich damals. Aber dieser Zusatzbaustein kann durchaus sinnvoll sein. Man sollte einfach Folgendes im Hinterkopf behalten: Wenn du diese Leistung nicht im Vertrag stehen hast, musst du bei Bedarf die Mehrkosten für dieses Extra aus der eigenen Tasche bezahlen.

Wozu eine Zusatzversicherung?

Wenn mich Kundinnen fragen, wozu eine Zusatzversicherung denn gut sei, gebe ich immer zwei Argumente als Antwort: erstens die freie Arztwahl, zweitens die freie Spitalwahl. Beides hast du als Kassenpatientin nicht. Wenn du als Kassenpatientin heute ins Spital eingeliefert wirst, kommst du in das, wo gerade ein Bett frei ist. Dort behandelt dich der Arzt, der gerade Dienst hat, ungeachtet dessen, ob er in der 22. Dienststunde ist, Oberarzt oder Turnusarzt ist oder deine Erkrankung das allererste Mal am lebenden Objekt behandelt. Du hast in solch einer Situation kein Mitspracherecht und bist nur Passagierin.

Genau das ist der Punkt. Wenn jemand aus meiner Familie oder ich selbst eine Erkrankung erleide (und ich rede hier nicht von einer Mandel-OP), möchte ich die Gewissheit haben, dass wir die beste in Österreich verfügbare medizinische Betreuung erhalten, und zwar ohne, dass ich dafür die Oberärztin persönlich kennen muss. Auch das ist nämlich ein Trugschluss: Gut in Ärztekreisen vernetzt zu sein, mag eine Zeit lang funktionieren, aber die mit uns befreundeten Ärzte in Spitälern altern mit uns. Gut möglich also, dass genau dann, wenn du etwas brauchst, keiner mehr im aktiven Dienstleben steht. Deshalb zählt dieses – oft genannte – Argument für mich nicht.

Die private Zusatzversicherung ermöglicht dir zudem verkürzte Wartezeiten bei z. B. geplanten Eingriffen und Operationen. So kommt es, dass man für ein neues Kniegelenk mit Zusatzversicherung binnen zwei Wochen einen Termin bekommen kann, während man ohne Zusatzversicherung oft bis zu einem Jahr warten muss. Unvorstellbar, wenn man weiß, mit welchen Schmerzen und Mühsal das für Betroffene verbunden ist. Die Alternative ist natürlich, privat eine Aufzahlung zu machen. Dann wird man zwar im System vorgereiht, muss aber mehrere Tausend Euro dafür aufwenden. Wir befinden uns also mittendrin in einer Zwei-Klassen-Medizin, die es offiziell nicht gibt.

Kommen wir nun zum zweiten großen Bereich von Krankenzusatzversicherungen.

Ambulanter Tarif

Darin sind all jene versicherten Leistungen umfasst, die beim niedergelassenen Arzt erfolgen. Wenn du zu einer Wahlärztin gehst, bekommst du meist viel rascher einen Ordinationstermin als bei einem Kassenarzt, musst ihn aber zunächst selbst bezahlen. Prinzipiell kann sich eine Wahlärztin mehr Zeit für ihre Patienten nehmen. Sie bekommt auch eine höhere Vergütung für ihre Zeit, als es ein Kassenvertrag vorsieht.

Nice2Know

Nun gibt es auch hier zahlreiche Ausnahmen. Ich kenne selbst viele Kassenärzte, die sich vorbildlich viel Zeit für die Anliegen ihrer Patientinnen nehmen. Allerdings ist leider in vielen Kassenpraxen heute der Fünf-Minuten-Patient die Regel und so manche Sprechstundenhilfe ist dazu angehalten, längere Patientenbesuche im Ordinationsraum mit einem Vorwand zu unterbrechen. Darüber darf man sich beim Vergütungssystem der staatlichen Krankenkassen nicht wundern, denn auch eine Ärztin muss ihre Ordination wirtschaftlich sinnvoll betreiben. Umgekehrt hört man leider auch von Wahlärzten, die ihre Patientinnen wie am Fließband behandeln. Es wäre daher nicht fair, hier eine Verallgemeinerung in die eine oder andere Richtung anzustellen.

Auch alternative Heilbehandlungen werden von den meisten Wahlarzt-Versicherungen übernommen. Hier gilt es, zu unterscheiden, ob die Behandlung eine Ärztin oder ein Therapeut vorgenommen hat und ob diese Art der Behandlung von der Versicherung akzeptiert wird. Mittlerweile ist die Bandbreite an alternativen und energetischen Methoden so groß geworden, dass Versicherungen einen Katalog führen und laufend adaptieren. Darin wird festgehalten, welche Methoden in ihrem Haus anerkannt und damit ersetzt werden und welche nicht. Oft kannst du das auf der Homepage nachlesen.

Es empfiehlt sich daher auch, immer mit dem Versicherer Rücksprache zu halten, bevor man eine kostspielige Therapieform beginnt, und abzuklären, ob eine Vergütung dafür vorgesehen ist oder nicht. So spart man sich hinterher viel Ärger und Diskussionen. Zudem kannst du über einen ambulanten Tarif auch Physio- oder Psychotherapien, Medikamentenkosten und Impfungen einreichen. Voraussetzung ist lediglich, dass diese ärztlich angeordnet wurden. Für Brillen- oder Kontaktlinsenträger gibt es die Möglichkeit (meist alle zwei Jahre), ihre Sehbehelfe über den ambulanten Tarif abzurechnen.

Für all diese Bereiche gibt es wiederum Sublimits, die maximal pro Jahr bezahlt werden. Das bedeutet, Medikamente werden nicht bis zur sogenannten Höchsthaftungssumme ausbezahlt, sondern abhängig vom Tarif bis zu rund 400 Euro. Wenn du also für ein Jahr den Topf für Medikamente oder Physiotherapien ausgeschöpft hast, bekommst du entsprechende Rechnungen nicht mehr rückerstattet und kannst erst wieder Rechnungen aus dem neuen Versicherungsjahr einreichen.

Die am Markt erhältlichen Versicherungsprodukte unterscheiden sich in der maximalen Höchstleistung, die du pro Jahr einreichen kannst. Das beginnt bei Miniprodukten mit einer Höchstleistung von rund 1.200 Euro und geht bei den Premiumprodukten hinauf auf mehrere Tausend Euro. Du solltest dir gut überlegen, ob so hohe Summen wirklich notwendig sind. Die meisten meiner Kunden entscheiden sich für einen mittleren Tarif, bei dem 2.000 bis 2.500 Euro pro Jahr abgedeckt sind. Das genügt im Normalfall. Selbstverständlich kann sich dieser Betrag bei bestimmten Diagnosen als zu gering erweisen. Manche Fachärztinnen verlangen für eine Ordination gleich 500 Euro oder mehr. Wenn du so eine Spezialistin mehrmals konsultieren musst, hast du nicht mehr allzu viel Spielraum. Im Endeffekt musst du für dich selbst entscheiden, ob du eine vernünftige Basis oder ein High-End-Produkt wünschst (für das dann auch monatlich entsprechend hohe Prämien zu bezahlen sind).

Wie kommst du zur Rückerstattung des Arzthonorars?
Das Honorar für die ärztliche Konsultation wird von dir direkt bei der Ordinationshilfe bezahlt. Danach reichst du die Rechnung bei deinem Sozialversicherungsträger ein und erhältst – je nachdem, was der Arzt auf seine Honorarnote geschrieben hat – einen Teil des Betrages refundiert. Das können erfahrungsgemäß bei einem Kinderarztbesuch auch mal 6,50 Euro bei einer 180-Euro-Rechnung sein. Danach erstattet dir die Zusatzversicherung die Differenz zurück. Voraussetzung ist aber immer, dass du beweisen kannst, die Rechnung bei der gesetzlichen Krankenversicherung eingereicht zu haben. Tust du das nämlich nicht, erstattet die private maximal achtzig Prozent (bei manchen Tarifen sogar nur fünfzig Prozent). Bei vorheriger Einreichung bei der staatlichen Krankenkasse werden dir hundert Prozent der Kosten ersetzt.

Welche Zusatzbausteine der privaten Krankenversicherung gibt es sonst noch?
Taggeld: In gut achtzig Prozent aller bestehenden Krankenversicherungsverträge, die ich von neuen Kundinnen im Zuge meines Polizzen-Checks erhalte, gibt es einen derartigen Tarif. Dazu möchte ich anmerken, dass es nicht viele Berufe gibt, für die ein solcher Zusatz vernünftig ist. Es ist sicherlich für jene Menschen sinnvoll, die einen beträchtlichen Gehaltsbestandteil aus Trinkgeldern oder Diäten be-

ziehen, also z. B. Mitarbeiter in der Gastronomie, Friseurinnen, Fußpfleger, Monteurinnen und Servicetechniker. Eine 08/15-Angestellte allerdings, die im Krankheitsfall ihr Entgelt fortbezahlt bekommt, wird eher nicht davon abhängig sein, dass sie bei einem dreitägigen Spitalaufenthalt 25 Euro pro Tag bekommt. Auch weitaus höhere Taggelder sehe ich häufig im Zuge von Polizzen-Checks, dafür wird oft jahre- oder sogar jahrzehntelang Prämie bezahlt.

Das Krasse an der Sache ist, dass Versicherungskunden im Falle eines Spitalaufenthaltes oft gar nicht daran denken, dieses Taggeld von der Versicherung einzufordern. Es wäre interessant, einmal hochzurechnen, wie viel sich die Versicherungswirtschaft allein mit dieser Sparte Jahr für Jahr erspart.

Rehab-/Kur-Taggeld: Das ist für mich die Königsdisziplin an Versicherungsauswüchsen. Wenn die meisten von uns schon kein Taggeld im Spital brauchen, dann rate mal, wie dringend wir ein eben solches für eine Rehab oder Kur benötigen. Selbst wenn du so einen Aufenthalt von der Kasse bewilligt bekommst, stelle dir die Frage: »Bin ich auf einen fixen Tagsatz während des Aufenthaltes angewiesen und bin ich bereit, dafür jahrelang eine Prämie zu zahlen?« Du siehst, ich oute mich hier klar als Taggeld-Gegnerin, obwohl dieser Baustein immer noch nach dem Gießkannenprinzip an viele Kunden verkauft wird.

Zahnarztkosten: Eine sehr häufige Frage, die ich bekomme, ist, ob Zahnarztkosten in einer Krankenzusatzversicherung inkludiert sind. Prinzipiell ist das zu verneinen. Es gibt allerdings eigene Zahntarife. Auch hiervon bin ich keine große Freundin. Du hast nämlich bei so gut wie allen Anbietern nicht sofort Anspruch auf die volle Leistung, sondern erst nach ein paar Jahren. Zudem ist auch hier normalerweise ein Jahreslimit vorgesehen und auch prozentuell gibt es Einschränkungen (meist fünfzig oder achtzig Prozent der Kosten). Zahnversicherungen können beim Großteil der österreichischen Anbieter nur in Kombination mit einer Sonderklasseversicherung abgeschlossen werden. Auch wird hier oft auf eine Wartezeit bestanden (damit sich die Versicherung nicht ein vorhersehbares Kostenrisiko einkauft). Innerhalb dieser (oft acht Monate dauernden) Frist musst du zwar deine Prämien bezahlen, darfst aber noch keine Leistung in Anspruch nehmen.

Alles in allem ist auch das kein versicherungswürdiges Risiko, da es zu viele Ausschlüsse sowie summenmäßige Beschränkungen gibt und die Versicherung obendrein ziemlich teuer ist. Du musst als Kundin deine Zahnprobleme perfekt timen, damit sich das für dich rechnet. Zahnschmerzen nehmen jedoch erfahrungsgemäß keine Rücksicht auf das perfekte Zeitfenster.

Vorsorge-/Wellnessprogramme: Das sind Bausteine, die du freiwillig zu deiner Krankenversicherung dazukaufen kannst. Es gibt einige Anbieter am Markt, die echte Vorsorgeuntersuchungen im Rahmen eines Wellnessaufenthaltes anbieten. Ich habe selbst einen derartigen Vertrag und dieser Zusatz erinnert mich stets daran, regelmäßig die Gesundenuntersuchung durchzuführen. Der große Vorteil ist, dass du in zwei Tagen das komplette Programm mit Blutabnahme, Sonografie, diversen Arztgesprächen etc. hinter dich gebracht hast. Das Ganze findet außerdem in sehr angenehmer Atmosphäre statt, aufgelockert durch die eine oder andere Entspannungsmassage. Kurzum, nach den zwei Tagen komme ich stets entspannt und gut erholt nach Hause und habe obendrein etwas Wichtiges für mich und meine Gesundheit getan. Die meisten Bausteine der österreichischen Zusatzversicherungen beziehen sich allerdings auf reine Wellnessaufenthalte. Da fragst du dich zu Recht nach der Sinnhaftigkeit, denn ich kann die hier eingezahlte Prämie auch direkt in einem Spa-Resort ausgeben.

Einflussfaktoren auf die Prämie und die Aufnahme in die Krankenversicherung

Das ist kurz und bündig erklärt, die Prämie ist nämlich abhängig von

- deinem Alter,
- deinem Gesundheitszustand sowie
- deinem aktuellen Sozialversicherungsträger (ob du also Angestellter, Selbstständige, Beamter etc. bist).

Es ist nachvollziehbar, dass die privaten Krankenversicherer bei der Aufnahme in ihr System strikt vorgehen müssen. Würden sie sich bewusst Kranke an Bord holen, würde das System in kürzester Zeit kippen. Man kann auch keine Feuerversicherung für ein Haus abschließen, das schon brennt. Aus diesem Grund musst du als Versicherungswillige einen Gesundheitsfragebogen ausfüllen. Hier wird nach deinen derzeitigen Leiden und Krankheiten gefragt, ebenso nach jenen aus deiner Vergangenheit und den damit verbundenen Behandlungen. Auch wird gefragt, ob du rauchst, Drogen nimmst oder schwanger bist. Die letzten Fragen sind besonders amüsant, wenn man das Informationsblatt für einen Dreijährigen ausfüllt. Die Beantwortung der Gesundheitsfragen wird sehr streng ausgelegt. Wenn du also heute einen Antrag auf Krankenzusatzversicherung unterschreibst und zwei Tage später eröffnet dir dein Arzt eine Diagnose, bist du verpflichtet, diese in Form einer Nachmeldung dem Versicherer nachzureichen. Auch dieser Umstand fließt dann in deine Risikoprüfung ein.

Was passiert, wenn du bereits gesundheitliche Themen hast?
Die Versicherung hat mehrere Möglichkeiten:

- Sie lehnt dich komplett ab.
- Sie bietet dir Versicherungsschutz gegen einen Zuschlag an. Dieser kann beim stationären und ambulanten Tarif unterschiedlich ausfallen.
- Sie vereinbart einen zeitlichen Ausschluss, z. B. die ersten drei Jahre gewährt sie dir keinen Versicherungsschutz für alles, was mit der Vorerkrankung zu tun hat. Danach ist sie aber mitversichert.
- Sie versichert dich nur mit einem Ausschluss betreffend deine Vorerkrankung und alle damit verbundenen Folgeerkrankungen. Das ist neben dem Ausschluss sicherlich die unangenehmste, weil nicht wirklich kalkulierbare Variante für die Kundin.

An dieser Stelle möchte ich auch anmerken, dass die Annahmepolitik der Versicherungsanstalten unterschiedlich ist. Was für die eine als kategorischer Ablehnungsgrund gilt, sieht die andere oft nicht so streng und nimmt den Kunden mit einem geringen Zuschlag.

Leider ist es bei unseren Neukundinnen mittlerweile so, dass es fast niemanden mehr gibt, der komplett gesund ist. Und jede Vorerkrankung, jedes Leiden stellt uns vor die Herausforderung, eine Krankenversicherung für die Kundin zu bekommen. Wir behelfen uns da oft mit sogenannten Ausschreibungen. Das ist viel Arbeit, führt aber oft zum erwünschten Ziel. Wir füllen gemeinsam mit der Kundin mehrere Anträge aus, beantworten alle Gesundheitsfragen und legen dem Probenantrag alle relevanten Befunde bei. Und dann warten wir ab, wie die einzelnen Versicherungshäuser die Sache einschätzen. Zuletzt entscheidet die Kundin, mit welchen vertraglichen Einschränkungen oder Zuschlägen sie am besten leben kann.

Was tut man, wenn eine Zusatzversicherung aufgrund von Krankheit oder Alter nicht mehr möglich ist?

Es gibt Tarife, die nur dann Leistung bieten, wenn bestimmte schwere Erkrankungen eintreten. Das wären z. B. Leukämie und Krebserkrankungen, Bypass oder bestimmte Transplantationen. Also eine Blinddarmentzündung fällt da nicht hinein. Derartige Tarife sind günstiger, daher auch für etwas ältere Versicherungsnehmer noch leistbar und vielen genügt eine Worst-Case-Abdeckung. Die zweite Möglichkeit sind Sonderklasseversicherungen, die nur nach Unfällen eine Leistung bieten. Hier sind Vorerkrankungen bei der Antragsannahme oft kein Thema. Diese Art von Versicherung kostet monatlich sehr wenig, daher ist es für manche eine Option, um zumindest Unfälle gut abgesichert zu wissen.

Young, free and healthy, aber kein Geld für eine Zusatzversicherung?

In manchen Fällen ist schlichtweg der finanzielle Rahmen die Hürde, um für sich selbst vorzusorgen. Das ist für viele Junge ein großes Thema und auch dafür gibt es ein vernünftiges und empfehlenswertes Angebot, die sogenannte Optionsversicherung.

Bei dieser werden quasi dein junges Alter und dein guter Gesundheitszustand auf aktueller Basis eingefroren. Dafür zahlst du nur eine geringe Prämie (um die 20 Euro pro Monat) und hast nach einem Unfall Anspruch auf Sonderklasse im Krankenhaus. Jedes Jahr kannst du deinen Optionstarif auf einen vollwertigen stationären Tarif umstellen und hast ab dann auch Krankheit und Schwangerschaft inkludiert. Der Clou dabei: Du brauchst dann keine neuerlichen Gesundheitsfragen zu beantworten (es ist somit egal, ob bei dir in der Zwischenzeit gesundheitlich etwas vorgefallen ist). Dein Eintrittsalter ist für die Prämienhöhe relevant, nicht jenes zum Zeitpunkt des Umstiegs. Das wirkt sich positiv auf deine Prämie aus. So einen Optionstarif kannst du – je nach Anbieter – bis zum 35./40./45. Lebensjahr behalten. Danach musst du umsteigen oder du kannst den Vertrag kündigen. Die Optionsversicherung ist somit das perfekte Produkt für junge Menschen, die beruflich erst am Beginn stehen und sich daher noch keinen Volltarif leisten können.

Wie sich die ausbezahlten Leistungen der privaten Krankenversicherung in Österreich in Höhe von 1,78 Mrd. Euro prozentuell im Jahr 2023 aufteilen, siehst du in dieser Grafik. Den Löwenanteil nehmen hier die Kosten für Krankenhausaufenthalte ein.

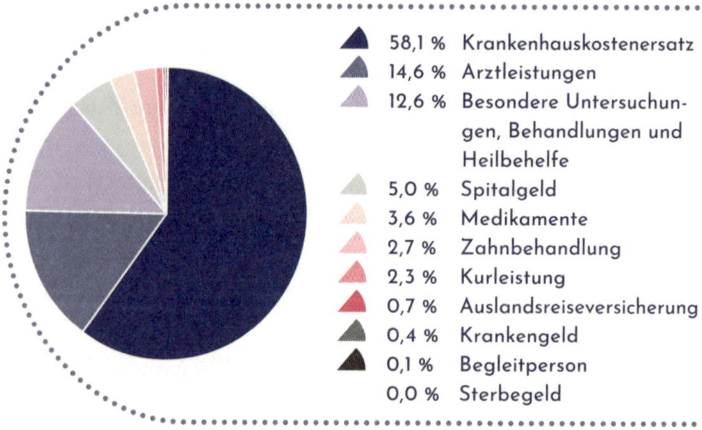

Grafik #4 Unmittelbar ausbezahlte Leistungen der privaten Krankenversicherung, Quelle: VVO, Jahresbericht 2023

Das solltest du rund um die private Krankenversicherung wissen:

Nice2Know

Kann mich die Versicherung kündigen, wenn ich sie zu oft in Anspruch nehme?

Nein, du hast so einen Vertrag bis an dein Lebensende, wenn du ihn nicht selbst kündigst. Die einzige Möglichkeit, wie du deinen Versicherungsschutz verlieren kannst, ist, dass dir die Versicherung Arglist beim Ausfüllen der Gesundheitsfragen nachweist. In diesem Zusammenhang kursieren viele falsche Informationen, also nochmals ganz deutlich: Egal, was gesundheitlich auf dich zukommt, deine Versicherung kann einen bestehenden Krankenversicherungsvertrag nicht mehr kündigen.

Kommen wir jetzt zur wichtigsten Lektion in diesem Kapitel: Wenn du daran denkst, eine private Krankenversicherung für dich oder deine Familie abzuschließen, lass dir nicht zu lange Zeit damit. Hier gilt der Spruch: »Der frühe Vogel fängt den Wurm.« Je früher du startest, desto günstiger ist deine Prämie. Einerseits steigt die Einstiegsprämie mit jedem Lebensjahr und fällt somit höher aus, je älter du beim Systemeinstieg bist, andererseits steigt mit dem Älterwerden auch die Wahrscheinlichkeit, dass es gesundheitliche Themen gibt, die auf deine Versicherbarkeit Einfluss nehmen können.

Prämie sparen durch Familienbonus

Wenn du für deine Familie einen Versicherungsschutz in diesem Bereich suchst, ist zu beachten, dass es bei einigen Anbietern einen zusätzlichen Familienbonus gibt, der für alle Prämien innerhalb des Vertrages angerechnet wird.

Kinderprämien

Kinder werden bei fast allen österreichischen Versicherern von null bis achtzehn Jahren mit Kinderprämien versichert, das heißt, die Prämie für einen Säugling ist gleich hoch wie die für einen vierzehnjährigen Teenager. Ab achtzehn (bei manchen Anbietern auch erst ab zwanzig) wird der Vertrag auf den Erwachsenentarif umgestellt und somit teurer.

Wenn du für dein Kind einen stationären Tarif abschließt, hast du automatisch die Kostendeckung für eine Begleitperson dabei, für den Fall, dass der Nachwuchs ins Spital muss. Dies ist meist bis zum achtzehnten Lebensjahr inkludiert. Ich kenne zwar nicht viele Siebzehnjährige, die diesen Baustein zu schätzen wissen (die Eltern dabeizuhaben, gilt in dem Alter eher als uncool), für Kleinkinder ist die Begleitung jedoch allemal ein Thema. Hier ist es auch notwendig, dass Mama oder Papa in der ungewohnten Umgebung bei ihnen bleibt. Mein Sohn sagte nach einer OP, dass der Aufenthalt im Spital für ihn okay war, aber die Teddybären am Spitalpyjama sollte man unbedingt abschaffen, die waren ihm mehr als peinlich. Wenn das der einzige Punkt der Beanstandung aus Sicht eines Kindes ist, dann hat das Spital wohl ganze Arbeit geleistet.

Wenn du bei einem etwas größeren Unternehmen arbeitest, lohnt es sich, nachzufragen, ob es bei euch eine sogenannte Gruppenkrankenversicherung gibt. Diese bietet dir als Mitarbeiterin (meist nur solange du für diese Firma tätig bist) eine vergünstigte Sonderklasseversicherung. Manche Gruppen haben im Laufe der Zeit das Problem der Überalterung, wenn keine jungen Prämienzahler nachkommen und die bestehenden immer älter, kränker und daher für die Versicherung kostenintensiver werden. Da kann es wiederum passieren, dass die Prämien innerhalb der Gruppe nach Bedarf angehoben werden. Dies ist aber in den jeweiligen Vereinbarungen zwischen dem Unternehmen und der Versicherungsanstalt, die diese Gruppe führt, festgehalten und individuell. Hier solltest du dich auch vor einem Abschluss unbedingt schlaumachen, was mit deinem Versicherungsvertrag passiert, wenn du aus dem Unternehmen ausscheidest (du kündigst/wirst gekündigt/trittst die Pension an). Ich hatte schon viele ratlose Kunden bei mir sitzen, deren Prämien nach Firmenaustritt (oder Pensionsantritt) explodiert sind. Eine Gruppenversicherung muss daher – in Zeiten häufiger Jobwechsel – nicht unbedingt ratsam sein.

Prämienrückvergütungen

Manche Versicherungen bieten auch Prämienrückvergütungen für Jahre an, in denen du keinerlei Leistungen aus deiner Krankenzusatzversicherung in Anspruch genommen hast. Das ist nett, sollte aber bei deiner Produktauswahl nicht unbedingt entscheidend sein, zumal manche diesen Zusatz nur gegen Mehrprämie anbieten.

Wartezeiten

Das bezieht sich in diesem Kontext auf jene Zeit, in der du noch keine Leistung in Anspruch nehmen kannst, aber schon deine Prämie zahlen musst. Die allgemeinen Wartezeiten wurden bei nahezu allen österreichischen Anbietern abgeschafft. Somit kannst du deine Versicherung in Anspruch nehmen, sobald die Polizze ausgestellt und die Prämie bezahlt wurde. Bei stationären Aufenthalten geht das wie zuvor erwähnt erst, nachdem du dir die Kostendeckungsgarantie deiner Versicherung geholt hast. Abgesehen von den zuvor genannten Zahntarifen gibt es lediglich noch bei Schwangerschaften Wartezeiten (hier meist neun Monate).

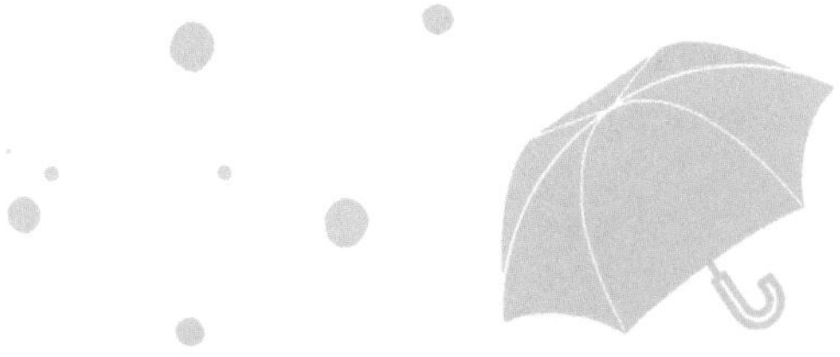

Versicherung von Schwangeren
Obwohl die Versicherung hier bereits davon auszugehen hat, dass sie in absehbarer Zeit eine Leistung erbringen muss, gibt es auch für Schwangere die Chance, sich und die bevorstehende Geburt zu versichern. Dies ist aber stets an gewisse Auflagen geknüpft, z. B. müssen sich oft die Väter auch versichern, wenn sie nicht schon privat krankenversichert sind.

Baby-Bausteine
Frauen, die an Familienplanung denken, sollten diesen Baustein in ihren Vertrag integrieren, soweit er von ihrem Versicherer angeboten wird. Sie erlangen damit bei den meisten Anbietern die Sicherheit, dass ihr Kind zur Normalprämie (ohne jegliche Zuschläge) mitversichert werden kann und – ungeachtet vom Gesundheitszustand – auch angenommen werden muss. Da leider auch bei Babys gesundheitliche Probleme auftreten können, ist dies ein wertvolles Goodie, das nur ein paar Euro pro Monat mehr kostet. Als Zugabe ist die Versicherungsprämie des Kindes für das erste Jahr oft kostenlos dabei. Wer die Familienplanung beendet hat, kann diesen Zusatz einfach aus seinem Vertrag nehmen lassen.

Mindestlaufzeit eines Krankenversicherungsvertrages
Diese beträgt bei allen Anbietern bedingungsgemäß drei Jahre. Eine Kündigung ist somit erstmals zum Ablauf des dritten Versicherungsjahres möglich.

Gleiche Tarife für Frauen und Männer
Zwischen Frauen und Männern wird schon seit Längerem kein Unterschied hinsichtlich der Prämie mehr gemacht. Hier wurde vor einigen Jahren die auf Gleichberechtigung abzielende Änderung vorgenommen, dass die Kosten von Geburt und Schwangerschaft gleichmäßig in die Tarife eingepflegt wurden. Die Unisex-Tarife waren geboren. Somit

zahlt ein 25-jähriger Mann heutzutage die gleiche Prämie wie eine 25-jährige Frau (gleicher Gesundheitszustand und gleiche gesetzliche Sozialversicherung vorausgesetzt).

Prämien im Alter

Immer wieder höre ich, dass sich Menschen im hohen Alter (oder bei finanziellen Engpässen auch schon davor) von ihrer Krankenzusatzversicherung trennen müssen, weil sie sich die Prämien nicht mehr leisten können. Dazu möchte ich dir zwei Tipps aus meiner Praxis mitgeben, die sich schon öfter bewährt haben.

Susis Praxistipp

Solltest du jemals vor der Wahl stehen, den ambulanten oder den stationären Tarif kündigen zu müssen, dann entscheide dich bitte dafür, den stationären Tarif zu behalten. Das hat einen einfachen Grund: Den Besuch beim Privatarzt wirst du dir im Notfall vielleicht leisten können, aber sich privat und auf eigene Kosten ins Spital zu legen, ist riskant. Du weißt im Vorhinein nie, ob alles reibungslos funktioniert oder ob du nicht doch einen längeren Aufenthalt haben wirst als ursprünglich geplant. Das Gleiche gilt auch für Eingriffe, die nicht vorhersehbar waren. Daher gilt für mich immer die Regel, keinesfalls den Spitaltarif aufzugeben, wenn es machbar ist. Ich persönlich würde lieber bei allem anderen einsparen, als diesen zu stornieren.

Susis Praxistipp

Um erst gar nicht in so eine Situation zu kommen, ist mein zweiter Tipp, sich schon vor Abschluss einer Krankenversicherung gut zu überlegen, ob man sich für einen sogenannten Kombitarif entscheidet. Das sind Tarife, die die Bereiche Spital und Wahlarzt vereinen und somit ein untrennbares Produkt darstellen. Das heißt, wenn du dir einen solchen Tarif irgendwann nicht mehr leisten kannst, musst du den kompletten Vertrag kündigen und hast oft nicht die Option, auf einen reinen Spitaltarif downzugraden.

Eine weitere Möglichkeit ist es, einen Zusatzbaustein abzuschließen, der dir eine rund fünfzigprozentige garantierte Prämienermäßigung ab dem 65. Lebensjahr bietet. Das funktioniert so, dass du für diesen Zusatz in deinem aktiven Berufsleben etwas mehr bezahlst, dafür musst du in der Pension nur die Hälfte der eigentlich vorgesehenen Prämie bezahlen. Aber auch für die Prämienhöhe dieses Zusatzes ist entscheidend, mit welchem Alter du ihn abschließt.

Gerade beim Thema Krankenversicherung (eigentlich gefällt mir ja der Begriff Gesundenversicherung viel besser!) solltest du dich für die Beratung in fachkundige Hände begeben. Kaum ein anderer Vertrag wird dich so lange durch dein Leben begleiten. Konsultiere dazu eine Versicherungsmaklerin, die dir Angebote von allen Anbietern am Markt vorstellen und die entsprechenden Unterschiede erklären kann. Nur weil dich beispielsweise eine Versicherungsgesellschaft aufgrund deiner Krankengeschichte ablehnt, heißt das nicht, dass alle Mitbewerber das ebenso sehen.

Ich habe immer wieder Kunden bei mir im Büro, die

erzählen, dass ihnen vor zwanzig Jahren ihre damalige Vertreterin von der XY-Versicherung erklärt hat, mit ihrer Krankengeschichte hätten sie keine Chance, eine Zusatzversicherung zu bekommen. Wenn dein Versicherungsbetreuer nur eine Versicherungsanstalt vertritt, kann das natürlich für diesen einen Anbieter zutreffen. Zum Glück gibt es aber in der Versicherungswelt mittlerweile eine Vielzahl an Anbietern, weswegen man bei einem so wichtigen Thema verschiedene Optionen miteinander vergleichen sollte. Festhalten muss ich hier fairerweise, dass auch wir nicht jedem unserer Kunden den Zugang ins private Krankenversicherungssystem ermöglichen können. Nicht alle Krankheiten sind versicherbar, allerdings ändern sich die Annahmekriterien in der Branche auch hier. Waren psychische Erkrankungen oder Diabetes Typ 1 noch bis vor Kurzem undenkbar zu versichern, bewirken sie jetzt nicht überall eine kategorische Absage. Eine Annahme wird jedenfalls immer im Einzelfall vom jeweiligen Versicherer entschieden.

Wenn das Leben anders läuft – Dein Plan B

Du kennst das bestimmt: Wir machen Pläne, haben Träume und denken, dass wir auf dem richtigen Weg sind. Aber dann kommt das Leben um die Ecke und sagt: »Überraschung!« Und plötzlich stehen wir vor Herausforderungen, die wir nicht erwartet hätten und auch nie wollten. Manchmal scheint es geradezu so, als würde sich das Leben einen Spaß daraus machen, unsere Pläne auf den Kopf zu stellen. Genau auf diese ungeplanten Momente solltest du so gut wie möglich vorbereitet sein und deinen persönlichen Plan B in petto haben. Wie du diesen entwickeln kannst, darüber werden wir jetzt sprechen. In diesem Kapitel dreht sich alles um zwei

Themen: Ablebensschutz und die Absicherung deiner Arbeitskraft. In beiden Fällen verlassen sich viele Menschen auf einen gesetzlichen Schutz, was sich als fatal erweisen kann.

Die Ablebensversicherung

Die Ablebensversicherung ist wie ein Sicherheitsnetz für deine Familie, das gewährleistet, dass deine Liebsten finanziell abgesichert sind, wenn dir etwas zustoßen sollte. Sich darüber Gedanken zu machen, ist nie angenehm, aber es ist ein wichtiges Thema. Besonders wenn du Kinder hast, liegt es in deiner Verantwortung, auch für solche Fälle vorzusorgen. Die Vogel-Strauß-Methode ist da fehl am Platz und kann im Ernstfall für diejenigen, die dir am meisten am Herzen liegen, eine Katastrophe darstellen. Sorry, wenn ich das so drastisch schildere, aber ich habe solche Situationen schon einige Male miterlebt. Dabei muss man sich mit der Sache nur einmal auseinandersetzen und hat dann für längere Zeit seine Ruhe. Stell dir vor, du bist der Kapitän deines Familienboots. Die Ablebensversicherung ist wie die Rettungsweste, die du dir und jedem Einzelnen deiner Crew gibst. Sie garantiert, dass deine Liebsten finanziell versorgt sind, wenn du nicht mehr da sein kannst, um dich um sie zu kümmern.

Eine Ablebensversicherung ist eine Risikoversicherung. Das bedeutet, du bezahlst für die Absicherung dieses einen Risikos – nämlich deines Todesfalles – eine Prämie. Sollte der Todesfall während der Laufzeit nicht eintreten (was wir ja alle hoffen), so wird auch nichts ausbezahlt, da die Prämie für eben dieses Risiko rückgestellt wurde – ähnlich wie bei der Haushaltversicherung, von der du auch nichts zurückbekommst, wenn du keinen Schadenfall hast. Im Gegenzug verspricht dir die Versicherung, im Fall der Fälle Betrag X auszuzahlen (diese Summe bestimmst du im Vorhinein). Die Todesursache ist dabei egal, mit Ausnahme von Selbstmord während der ersten drei Jahre bzw. wenn du falsche Angaben zu deinem Gesundheitszustand gemacht hast. Das Geld kann von den Hinterbliebenen dazu verwendet werden, um Hypotheken abzuzahlen, die Ausbildung deiner Kinder zu finanzieren oder um sicherzustellen, dass deine Familie weiterhin ein gutes Leben führen kann. Niemand kann die entsprechenden Entscheidungen für dich treffen. Es ist aber beruhigend, zu wissen, dass du deine Familie schützen kannst, egal was passiert. Stell dir die Ablebensversicherung wie einen unsichtbaren Schutzschild für deine Liebsten vor und eine Möglichkeit, für ihre Zukunft zu sorgen, selbst wenn du nicht mehr da sein kannst.

Auch heute werden immer noch sogenannte Er- und Ablebensversicherungen in Kombination angeboten. Davon rate ich dir dringend ab. Dahinter steckt nämlich eine Koppelung an eine Pensionsvorsorge und die solltest du immer separat abschließen. Risikolebenstarife in derartigen Kombiprodukten sind immer teurer, als wenn du diese gesondert abschließt. Abgesehen davon fehlt bei der 2-in-1-Variante die Transparenz für dich als Kundin. Du weißt also am Ende des Tages nie, wie viel von deiner Prämie angespart wird und was in den Risikoanteil fließt. Die Versicherungsprämien für eine Risikolebensversicherung sind oft verhältnismäßig günstig. Auch hier lohnt es sich, zu vergleichen und deinen Versicherungsmakler zurate zu ziehen. Die Unterschiede in der Prämie sind teilweise enorm.
Entscheidend für die Prämien sind

- dein Eintrittsalter,
- dein Beruf,
- dein Gesundheitszustand,
- die Laufzeit,

- die gewünschte Versicherungssumme sowie
- die Frage, ob du den Versicherungsschutz für die komplette Laufzeit konstant beibehalten möchtest oder ob eine fallende Versicherungssumme gewünscht ist (wird für Kreditabsicherungen oft gewählt).

Susis Praxistipp

Es ist vernünftig, beim Neuabschluss einer Risikolebensversicherung eine längere Laufzeit zu vereinbaren, als im ersten Moment notwendig scheint. Oft ist es nämlich so, dass man nach Ablauf des Vertrages doch noch Absicherungsbedarf hat, und verlängern kann man solche Verträge im Normalfall nicht. Ein neuer Vertrag wird wiederum zum dann gültigen Eintrittsalter und Gesundheitszustand kalkuliert, was die Prämie weitaus teurer macht. Bei bestimmten gesundheitlichen Themen ist ein Abschluss sogar gar nicht möglich.

Solltest du Extremsportarten oder einen gefährlichen Beruf ausüben, gibt es eigene Tarife, die etwas teurer sein können. Ebenso gibt es bei den meisten Anbietern sogenannte Raucher- bzw. Nichtrauchertarife. Einzelne Versicherungen fragen auch konkret nach Motorradfahrerinnen. All diese Faktoren können die Höhe deiner Versicherungsprämie beeinflussen.

Bitte denke daran, den Bezugsberechtigten im Vertrag anzupassen, sollten sich die Lebensumstände geändert haben. Wir haben bei unseren Polizzen-Checks nicht erst einmal Expartner als Begünstigte gefunden, obwohl man diese lieber auf den Mond schießen würde, als sie im eigenen Todesfall mit Geld zu überhäufen. Manchmal tauchen als Begünstigte auch bereits verstorbene Personen auf. An diesem Beispiel wird deutlich, wie wichtig es ist, die eigenen Verträge regelmäßig zu überprüfen.

Es ist mir gerade bei Familien ein Herzensanliegen, dieses Thema der Vorsorge anzusprechen. Wir hören jedes Jahr von Schicksalsfällen, wo ein Elternteil verstirbt und der Partner oft mit mehreren (kleinen) Kindern zurückbleibt. Ohne angemessene Vorsorge beginnt danach nicht selten die finanzielle Katastrophe. Im schlimmsten Fall muss das Haus oder die Wohnung verkauft werden, weil das tägliche Leben für einen Alleinverdiener nicht mehr im bekannten Ausmaß leistbar ist. In den meisten dieser Fälle hätte man das Dilemma mit einem geringen monatlichen Prämienbeitrag verhindern können. Das menschliche Leid ist in so einer Situation schon unbeschreiblich, wenn aber noch existenzielle Ängste hinzukommen, bringt es das Leben einer Familie völlig aus dem Gleichgewicht.

Hier noch ein Hinweis, weil wir es in unseren Vertrags-Checks oft genug anders sehen: Eine Risikolebensversicherung sollten stets beide Elternteile abschließen, somit auch die Mutter. Gerade wenn die Kinder noch klein sind und der Vater womöglich Allein- oder Besserverdiener ist, fällt es schwer, sich vorzustellen, was der Verlust der Mutter finanziell bedeuten könnte. Auch wenn sich die Gesellschaft dahingehend langsam verändert, ist eine Mutter noch immer oft Haushälterin, Köchin, Putzfrau, Wäschereiangestellte, Heimwerkerin, Gärtnerin, Kinderentertainerin, Babysitterin, Psychologin, Seelsorgerin, Nachhilfelehrerin, Botendienst, Chauffeurin, Krankenpflegerin, Tierpflegerin, Organisatorin und vieles mehr. Und das alles rund um die Uhr. Der US-Blogger Steven Nelms hat durchgerechnet, was es kosten würde, die Leistungen seiner Frau über externe Dienstleister zuzukaufen. Er kam auf rund 75.000 US-Dollar pro Jahr. Wir leben immer noch in einer Welt, wo in erster Linie der Mann abgesichert wird. Bei näherer Betrachtung wirst du mir zustimmen, dass eine Ablebensversicherung für beide gleichermaßen wichtig ist.

Susis Praxistipp

Sehr oft findet man am Markt Angebote auf sogenannte verbundene Leben. Diese Art von Versicherung sichert die beiden Partner gegenseitig in ***einem*** Versicherungsvertrag ab. In Bezug auf Partnerschaften und Versicherungen habe ich jedoch mittlerweile einen pragmatischen Zugang: Beide müssen nicht unbedingt von Dauer sein. Daher rate ich eher von solchen Vertragskonstruktionen ab. Die Prämienersparnis ist meist weniger sinnvoll als die vertragliche Unabhängigkeit voneinander. Wenn jeder seinen eigenen Vertrag abschließt, kann man auch nach einer eventuellen Trennung frei über diesen verfügen. Oft ist es zu diesem Zeitpunkt aufgrund von Alter oder Vorerkrankungen nämlich nicht mehr leistbar oder möglich, einen solchen Schutz für sich selbst zuzukaufen.

Bevor wir nun zu den Versicherungen gegen den Verlust der eigenen Arbeitskraft kommen, werde ich noch drei wichtige Begriffe erläutern, die du auf den nächsten Seiten immer wieder finden wirst und die sehr oft falsch verwendet werden:

- Berufsunfähigkeit: Diese besteht dann, wenn du deinem bisher ausgeübten Beruf länger als sechs Monate nicht mehr nachgehen kannst, weil du krank oder verletzt bist.
- Erwerbsunfähigkeit: Wenn du erwerbsunfähig bist, heißt das, dass du nicht in der Lage bist, irgendeine Arbeit zu finden oder zu machen. Im Vergleich zur Berufsunfähigkeit ist damit nicht zwingend dein zuletzt ausgeübter Beruf gemeint.
- Grundfähigkeit: Hier geht es darum, grundlegende Fähigkeiten des Alltags zu verlieren, wie Sehen, Hören, Gehen oder Sprechen.

Die Berufsunfähigkeitsversicherung (BU-Versicherung)

Wenn du heute an deine Zukunft denkst, dann siehst du vermutlich die schönen Momente, die vor dir liegen – Familienurlaube, Geburtstage, Schulabschlüsse. Aber was ist mit unvorhersehbaren Ereignissen, die dich aus der Bahn werfen könnten? Dazu gehört auch der Verlust der Arbeitskraft. Sie trifft mittlerweile jeden vierten Erwerbstätigen während seiner aktiven Berufslaufbahn. Ich verstehe, dass auch dieses Thema nicht gerade unterhaltsam ist, aber es ist von existenzieller Bedeutung. Denn wenn du deinen Beruf aus gesundheitlichen Gründen nicht mehr ausüben kannst, könnte das die finanzielle Stabilität deiner Familie gefährden. Die Rechnungen laufen weiter, die Miete oder der Kredit muss bezahlt und die Bedürfnisse deiner Kinder müssen gestillt werden. Aber keine Panik – ich zeige dir gleich, wie du deine Familie vor diesem Risiko schützen kannst, ohne dich finanziell zu verausgaben.

Wie funktioniert eine BU-Versicherung?

Ganz easy: Du zahlst regelmäßig Beiträge an die Versicherungsgesellschaft, so wie bei anderen Versicherungen. Im Gegenzug verpflichtet sich die Versicherung, im Falle einer Berufsunfähigkeit eine monatliche Rente auszuzahlen. Das passiert dann, wenn man mindestens sechs Monate aufgrund einer Krankheit, einer Körperverletzung oder eines Kräfteverfalls zu mindestens fünfzig Prozent nicht mehr im aktuellen Beruf arbeiten kann. Dies gilt auch dann, wenn Burn-out oder eine andere psychische Erkrankung die Ursache dafür ist. Die Rente kann dazu verwendet werden, deine laufenden Ausgaben zu decken, Medikamente und Arztbesuche zu finanzieren und sicherzustellen, dass deine Familie weiterhin ein normales Leben führen kann.

Welche Dinge musst du vor einem Vertragsabschluss beachten?

- BU-Rentenhöhe: Überlege, wie viel Geld deine Familie benötigen würde, um ihre Ausgaben zu decken, wenn du deinen Beruf aufgeben müsstest. Die monatliche Rente sollte ausreichen, um alle finanziellen Verpflichtungen abzudecken.
- Laufzeit des Vertrages: Sie sollte so gewählt werden, dass sie deine finanziellen Bedürfnisse abdeckt. Längstens ist das bis zum gesetzlichen Pensionsantrittsalter möglich. Es macht prämienmäßig einen großen Unterschied, ob ein Vertrag bis zum 65. oder nur bis zum 62. Lebensjahr oder noch kürzer läuft.
- Gesundheitszustand: Beachte, dass dein Gesundheitszustand bei der Beantragung der BU-Versicherung eine große Rolle spielt. Daher empfiehlt sich ein Abschluss in möglichst jungen Jahren. Es ist wichtig, bei den Gesundheitsangaben ehrlich zu sein, um später keine Probleme zu haben.
- Beiträge: Überlege, wie viel du monatlich für die Versicherung ausgeben kannst. Die Beiträge müssen in dein Budget passen.
- Dein Beruf: Der aktuell ausgeübte Beruf bestimmt die Einstufung im Tarif. Auch ist entscheidend, ob du bei deiner Tätigkeit Führungsaufgaben innehast oder nicht. Solltest du den Beruf wechseln, wirkt sich das bei den meisten Anbietern nicht auf die Prämie aus, da der Zeitpunkt des Vertragsabschlusses entscheidend ist. Das bedeutet, wenn du eine BU-Versicherung als Bürokauffrau

abschließt und später eine handwerkliche Ausbildung (z. B. Tischlerin) beginnst, dann bleibt die Prämienhöhe gleich, obwohl du als Handwerkerin einen höheren Beitrag bezahlen müsstest.

→ Beratung durch einen Experten: In kaum einer anderen Sparte ist das Bedingungswerk, das die Grundlage zu deinem Vertrag darstellt, so entscheidend für einen eventuellen späteren Leistungsfall. Daher brauchst du für dieses Thema auch einen Topberater, der dich aufklärt, mit dir alle Details durchgeht und wirklich weiß, wovon er redet. Andernfalls kann dich das als Kundin teuer zu stehen kommen.

Wann sollte man eine BU-Versicherung abschließen?

Je jünger und gesünder du bist, desto erschwinglicher ist die monatliche Prämie. Abgesehen davon hast du in den ersten Jahren deiner Berufskarriere noch keinen Schutz über die gesetzliche Versicherung und eine Berufsunfähigkeit wäre damit finanziell gesehen besonders dramatisch.

Susis Praxistipp

Solltest du Berufseinsteigerin sein und eine BU-Versicherung würde deine finanziellen Möglichkeiten übersteigen, kann es eine Lösung sein, mit einer niedrigeren Rente zu starten. Achte vor der Vertragsunterzeichnung aber darauf, dass es eine Option auf Nachversicherung gibt und wie diese aussieht. Damit kannst du zu einem späteren Zeitpunkt die Rentenhöhe steigern, und zwar ohne erneute Gesundheitsprüfung. Manche Tarife sehen dies aber nur bei besonderen Anlässen wie Hochzeit, Geburt oder Beförderung vor. Das solltest du jedenfalls zuvor überprüfen.

In Österreich fristet die BU-Versicherung immer noch ein Schattendasein. Während man in Deutschland nach dem Abitur (also dem Äquivalent zu unserer Matura) nahezu automatisch eine BU-Versicherung (meist von den Eltern) verpasst bekommt, was bedeutet, dass ungefähr jeder Dritte versichert ist, ist der Aufholbedarf bei uns gewaltig. Lediglich fünf Prozent aller Erwerbstätigen haben in Österreich eine derartige Versicherung.

Ich vertrete die Meinung, dass Berufsunfähigkeit und ihre finanziellen Folgen die am stärksten unterschätzten Risiken sind. Hinzu kommt, dass die Zuerkennung einer BU-Rente seitens des Staates immer strenger wird und mittlerweile ca. sechzig Prozent aller diesbezüglichen Anträge abgelehnt werden. Laut dem Jahresbericht der österreichischen Sozialversicherung bringt davon etwa ein Drittel eine Klage beim Sozialgericht ein. Fast ein Viertel ist damit erfolgreich (zuerkennendes Urteil oder Vergleich). In dieser Grafik siehst du das Missverhältnis zwischen eingebrachten Anträgen und neu zuerkannten Pensionen.

Jahr	Männer	Frauen	Gesamt	Anträge*
2016	12.130	6.807	18.937	57.040
2017	10.831	6.526	17.357	53.369
2018	10.383	5.880	16.263	54.375
2019	10.842	6.406	17.248	55.351
2020	10.554	6.666	17.220	47.718
2021	8.849	4.551	13.400	49.138
2022	8.544	4.149	12.693	52.333

Grafik #5 Neu zuerkannte Pensionen versus neu gestellte Anträge 2016-2022, Quelle: Jahresbericht der österreichischen Sozialversicherung

*Männer und Frauen

Zur Veranschaulichung kannst du aus nachstehender Statistik ablesen, dass in logischer Konsequenz die Zahl der Anspruchsberechtigten insgesamt seit Jahren sinkt.

Jahr	Männer	Frauen	Gesamt
2016	117.035	48.306	165.341
2017	111.742	47.513	159.255
2018	106.398	46.543	152.941
2019	101.440	45.559	146.999
2020	96.538	45.161	141.699
2021	90.544	42.789	133.333
2022	85.589	40.280	125.869

Grafik #6 Pensionen aus dem Versicherungsfall der geminderten Arbeitsfähigkeit bzw. der Erwerbsunfähigkeit (Dezember 2016-2022), Quelle: Jahresbericht der österreichischen Sozialversicherung

Hier sei erwähnt, dass die Ablehnung einer staatlichen BU-Rente nicht bedeutet, dass dasselbe auch für die private BU-Versicherung gilt. Das Beispiel soll nur deutlich machen, dass es immer schwieriger wird, eine staatliche Pension aus dem Titel der BU-Pension zu bekommen, und die private Vorsorge somit unumgänglich ist.

Blickt man im Jahr 2022 auf die Krankheitsgruppen, die die Ursachen für eine staatliche Berufs- oder Erwerbsunfähigkeitspension darstellen, so führen die psychischen Erkrankungen, gefolgt von Krankheiten des Muskel-Skelett-Systems und des Bindegewebes. Danach kommen Krebs (Neubildungen) und Krankheiten des Kreislaufsystems:

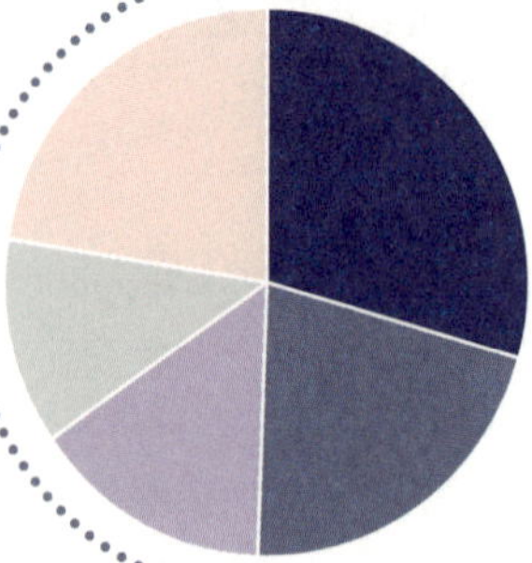

Grafik #7 Krankheiten, die zu BU führen, Quelle: Jahresbericht der österreichischen Sozialversicherung 2023, Werte 2022

Besonders dramatisch ist die Situation für Selbstständige, für sie gilt nämlich bis fünfzig Jahre kein Berufsschutz im gesetzlichen Sozialversicherungssystem. Das bedeutet, dass man im Falle einer Berufsunfähigkeit auf jeden Beruf (!) verwiesen werden kann, der gesundheitlich zumutbar ist. Eine krasse Vorstellung.

Ein in diesem Zusammenhang wesentlicher Fachausdruck ist die abstrakte Verweisbarkeit. Das bedeutet: Wenn du aufgrund von Krankheit oder Verletzung deinen aktuellen Beruf nicht mehr ausüben kannst, könnte die Versicherung verlangen, dass du einen anderen Job annimmst, den du trotz deiner gesundheitlichen Beschwerden ausüben kannst. Dieser andere Beruf muss nicht notwendigerweise mit deinem bisherigen Beruf verwandt sein. Die abstrakte Verweisbarkeit kann in den Versicherungsbedingungen festgelegt sein und sollte sorgfältig geprüft werden, da sie die Leistungen im Falle einer Berufsunfähigkeit beeinflusst. Die meisten Anbieter haben diese Klausel heute allerdings nicht mehr vorgesehen.

Zusammenfassend kann man fragen: Würdest du in ein

Flugzeug steigen, wenn die Absturzgefahr eins zu vier ist? So sieht nämlich die Wahrscheinlichkeit aus, im Laufe seines Arbeitslebens berufsunfähig zu werden.

Die Erwerbsunfähigkeitsversicherung (EU-Versicherung)

Die EU-Versicherung zahlt dann eine Rente aus, wenn du weder deinen aktuellen Beruf noch andere Jobs mehr ausüben kannst. Das bedeutet im Klartext, dass die Hürde für eine Auszahlung oft weitaus höher ist als bei einer BU-Versicherung.

Fallbeispiel

Nehmen wir als Beispiel Andreas, den Automechaniker. Wenn Andreas aufgrund von Rückenproblemen nicht mehr als Automechaniker arbeiten kann, zahlt die BU-Versicherung eine Rente. Wenn er weder als Automechaniker noch in einem anderen Beruf arbeiten kann, wäre es ein Fall für eine EU-Rente.

Die EU-Versicherung sollte nur Plan C sein. Einerseits leistet sie naturgemäß viel seltener, weil viel passieren muss, dass man gar keinen Job mehr ausüben kann. Andererseits ist sie prämienmäßig aus diesem Grund auch günstiger. Sie wird als Ersatz für eine BU-Versicherung genommen, wenn diese z. B. aus gesundheitlichen Gründen nicht mehr abschließbar ist.

Die Grundfähigkeitsversicherung

Oft wird auch die Grundfähigkeitsversicherung als Alternative zur BU-Versicherung genannt, vor allem für Berufsgruppen, die schwerer körperlicher Arbeit nachgehen (und dadurch für BU-Versicherungen sehr hohe Prämien bezahlen müssten). Trotz allem sollte die BU-Versicherung auch für solche Berufsgruppen die erste Wahl sein und die Grundfähigkeitsversicherung nur dann zum Zug kommen, wenn die anderen Optionen nicht möglich sind.

Genau genommen geht es beim Absichern von Grundfähigkeiten um etwas gänzlich anderes als bei der BU-Versicherung, nämlich um die elementaren Fähigkeiten eines jeden Menschen. Je nach Bedingungen des Anbieters können diese sein: Hören, Sprechen, Sehen, Gehen, Stehen, Sitzen, Stiegen steigen, Verwenden von Händen und Armen, Heben, Tragen etc. Verliert man eine oder mehrere dieser Fähigkeiten aufgrund von Krankheit oder Unfall, so erhält man die vereinbarte Rente.

Es spielt dabei keine Rolle, was die Ursache für den Verlust war, ebenfalls ist irrelevant, ob die Kundin trotz dieser Einschränkung weiterarbeiten kann. In der Praxis geht ein entsprechender Fähigkeitsverlust aber oft mit dem Verlust der Arbeitskraft einher. Psychische Erkrankungen sind prinzipiell ausgeschlossen, bei manchen Anbietern kann man sie mit einem Zusatzbaustein einschließen, allerdings mit unterschiedlicher Qualität. Generell klaffen auch hier die Bedingungen der einzelnen Marktanbieter weit auseinander und ich lege dir daher eine persönliche Beratung bei einem auf Biometrie-Risiken spezialisierten Versicherungsmakler ans Herz.

Welche Versicherungen gibt es sonst noch?

Abseits von den bekannten Versicherungssparten, die wir auf den Seiten zuvor durchleuchtet haben, gibt es noch eine ganze Reihe anderer Verträge. Sie passen allerdings thematisch nicht in die Hauptkategorien und finden daher in diesem Kapitel ihr Zuhause. Und nein, es geht dabei nicht um Skurrilitäten wie Versicherungen für die Brusthaare von Tom Jones, den Allerwertesten von Kim Kardashian oder die Beine von Cristiano Ronaldo – obwohl es auch das gibt. Es geht hier vielmehr um realistische Risiken, wie deinen treuen Vierbeiner.

Die Tierversicherung

Hier wird zwischen Hundehaftpflichtversicherung, Pferdehaftpflicht und Tierkrankenversicherung unterschieden.

Die Hundehaftpflichtversicherung

Auch wenn dieser Schutz nicht in allen österreichischen Bundesländern gesetzlich vorgeschrieben ist, solltest du als Hundebesitzerin einen solchen Vertrag unbedingt abschließen, egal ob dich ein riesiger Kampfhund oder ein Chihuahua durchs Leben begleitet. Versichert sind hier Personen- und Sachschäden, die durch deinen Hund einem Dritten verursacht werden. Das kann vom klassischen Postboten-Wadenbeißer bis hin zum losgerissenen Hund reichen, der auf die

Straße läuft und dabei einen Unfall verursacht. Rassen auf der Hunde-Ausschlussliste sind über herkömmliche Haftpflichtversicherer oft nicht versicherbar. Achte hier auch auf einen weltweiten Schutz, wenn du mit deinem Vierbeiner verreist. Solltest du mehrere Hunde haben, benötigt jeder einen eigenen Versicherungsschutz. Nicht versichert sind Schäden, die dein Vierbeiner am eigenen Eigentum anrichtet (Klassiker und in Hundekreisen seit eh und je beliebt: die Familiencouch – aber dafür gilt die Versicherung leider nicht).

Susis Praxistipp

In manchen Haushalts- und den meisten Eigenheimversicherungen ist dein Hund prämienfrei mitversichert. Oft muss dies aber trotzdem extra angeführt und der Hund mit Namen und Rasse im Vertrag vermerkt werden. Selbst wenn das nicht der Fall ist, ist es für dich meist günstiger, den Hund in den bestehenden Vertrag aufzunehmen, als ein Stand-alone-Produkt abzuschließen.

Die Pferdehaftpflichtversicherung

Das zuvor für Hunde Gesagte kannst du eins zu eins auf dein Pferd umlegen. Auch hier ist eine Haftpflichtversicherung unbedingt nötig. Hast du mehrere Pferde, kann man diese in der Gruppe günstiger versichern als in Einzelverträgen.

Die Tierkrankenversicherung

Wenn es um das Wohl ihrer Vierbeiner geht, sind viele Kunden (auch jene, die nicht so viel Geld haben) bereit, tief in die Tasche zu greifen. Das beginnt beim Schutzmäntelchen aus

Plüsch, das vor Kälte schützen soll, und endet bei Versicherungsverträgen. Dafür haben die Marketingexpertinnen von Versicherungshäusern schon gesorgt. Bei den meisten Produkten am Markt lassen sich folgende Punkte für Hunde und Katzen absichern:

- ambulante und stationäre Heilbehandlungen (meist limitiert mit einem Maximalbetrag pro Jahr), inkl. OPs,
- freie Wahl des Tierarztes bzw. der Klinik,
- Gesundheitsvorsorge (z. B. Impfungen, Wurmkuren, Zahnprophylaxe),
- Physiotherapien,
- Kastrationen sowie
- Unterbringungskosten, wenn der Tierhalter im Krankenhaus oder auf Reha ist.

Es gibt auch abgespeckte Varianten, in denen nur ein Unfall- oder ein OP-Schutz enthalten ist. Die Prämie ist hier abhängig von Alter (es gibt je nach Anbieter unterschiedliche Altershöchstgrenzen), Rasse und Gesundheitszustand des Tieres. Meist werden vor Abschluss tierärztliche Untersuchungsbefunde verlangt, um auszuschließen, bereits kranke Tiere zu versichern.

Ob sich so ein Vertrag wirklich lohnt, sei dahingestellt. Meine Erfahrung hat gezeigt, dass viele Tierhalter derartige Versicherungen im guten Glauben abschließen, jahrelang dafür zahlen und sobald das Tier in die Jahre kommt und sich die eingereichten Rechnungen häufen, erfolgt eine Kündigung seitens des Versicherers. Erst kürzlich wurde die Labradorhündin einer Kundin gekündigt, nachdem die dritte Tierarztrechnung innerhalb eines Jahres eingereicht worden war. Die Hündin war schon neun Jahre alt und es war zu erwarten, dass sich die Leistungen in naher Zukunft häufen werden. Hingegen war sie all die Jahre davor ein gutes Geschäft für die Versicherungsgesellschaft. In Summe bin ich daher eher keine Freundin solcher Verträge, denn die meisten davon enden in Ärger und Frust seitens der Kunden.

Es gibt in diesem Zusammenhang noch Spezialprodukte für Arbeits-, Jagd-, Blinden-, Rettungs-, Wach- und Polizeihunde. Auch für Zuchttiere sind am Markt Sonderlösungen erhältlich. Pferdebesitzerinnen können auf spezielle Krankenversicherungen zurückgreifen, hier gibt es sogar eigene Fohlenversicherungspakete. Bei Pferden muss man jedoch in ganz anderen Kostendimensionen kalkulieren als bei Hund und Katze.

Die Reiseversicherung

Diese Sparte wird in unserer Branche oft beiseitegeschoben und als nicht erwähnenswert eingestuft, völlig zu Unrecht, wie ich finde. Ein Missgeschick im Urlaub kann ungeahnte Auswirkungen haben, nicht nur finanziell gesehen. Viele Kunden verstehen unter dieser Sparte eine reine Stornoversicherung, die einspringt, wenn man eine Reise z. B. aufgrund von Krankheit oder Unfall nicht antreten kann. Tatsächlich sind hier aber viel mehr Leistungen abgedeckt:

- Reiseabbruchkosten (zusätzliche Rückreisekosten),
- nicht genutzte Reiseleistungen (z. B. vorgebuchte Eintritte, Konzerttickets),
- medizinische Leistungen im Ausland,
- Rückholkosten,
- Hilfe bei Haft oder Haftandrohung (andere Länder - andere Sitten), inkl. Unterstützung durch einen Anwalt vor Ort, Dolmetscherin, Vorschuss einer allfälligen Strafkaution etc.,
- Reiseunfallversicherung (unnötig, wenn du eine Unfallversicherung hast, die rund um die Uhr greift; im Reisepaket sind zudem

nur Unfälle mit hohen Invaliditätsgraden inkludiert und das mit meist zu geringen Versicherungssummen),

- Reisehaftpflicht (ebenfalls unnötig, wenn du über eine Privathaftpflichtversicherung im Rahmen deiner Haushaltsversicherung einen weltweiten Schutz genießt),
- weltweite 24-Stunden-Hotline (in einem fremden Land mit fremder Sprache und fremder Kultur ist man oft dankbar, einen Ansprechpartner zu haben, dem man trauen kann und der nicht in erster Linie ein Geschäft aus deiner Notsituation machen will). Selbst erlebt habe ich das in Thailand, als dort sehr kurzfristig kriegsähnliche Zustände ausbrachen und Panzer durch Bangkok fuhren. Diese Hotlines sind auch in Ausnahmesituationen außenpolitisch bestens informiert und helfen dir, Lösungen zu finden (z. B. auch ein passendes Spital vor Ort, wenn du einen Notfall hast).

Viele glauben, mit ihrer e-card im Ausland hinreichend versichert zu sein, wenn sie einen medizinischen Notfall haben. Dies ist keinesfalls so. Wir waren vor Jahren in der Türkei auf Urlaub und unser damals zweijähriger Sohn zog sich eine Platzwunde am Kopf zu, die im Privatspital genäht werden sollte. Trotz Notfall (blutüberströmtes, brüllendes Kind auf dem Arm) wurden wir erst behandelt, nachdem wir die Kreditkarte am Empfang abgegeben hatten. Als Tourist wirst du zudem in vielen Ländern ungefragt in Privatspitäler und zu Privatärztinnen gebracht, da hilft kein bilaterales Abkommen mit deinem Heimatland, du musst alles im Voraus zahlen.

Zur Stornoversicherung sei noch ergänzt, dass diese nicht nur bei medizinischen Gründen der Reisenden greift. Meist ist auch mitversichert, wenn Angehörige plötzlich betreut werden müssen oder versterben oder wenn ein Versicherungsfall bei dir zu Hause eingetreten ist (z. B. Leitungswasserschaden in deinem Haus oder deiner Wohnung). Es gibt unzählige Gründe, die als Stornogrund akzeptiert werden. Gerade hier lohnt sich der Blick ins Kleingedruckte, da sich die Prämie verständlicherweise erhöht, wenn du auch bei Erkrankung deines Goldhamsters die Stornokosten deiner Familienreise ersetzt bekommen willst.

Die Fahrradversicherung

Die Zeiten, in denen wir mit billigen Drahteseln durch die Gegend radelten, sind anscheinend vorbei. Immer mehr Menschen investieren heute in ein qualitativ hochwertiges Fahrrad bzw. in ein E-Bike oder Pedelec. Daran hat sich auch der Versicherungsmarkt angepasst und entsprechende Produkte kreiert.

Darin sind inkludiert:

- Diebstahl und Teildiebstahl,
- unsachgemäße Handhabung, Sturzschäden, Unfallschäden, Vandalismus,
- reiner Akkuschutz (auch Verschleiß ist versicherbar),
- Pick-up-Service und
- in bestimmten Fällen Absicherung gegen Material-, Konstruktions- und Fabrikationsfehler.

Auch hier bleibe ich meinem Motto treu: So viel wie nötig, so wenig wie möglich. Für ein hochpreisiges Rad ist es durchaus sinnvoll, einen separaten Vertrag abzuschließen. Ich habe in der Vergangenheit immer wieder erlebt, dass Kunden (die diesbezüglich nicht abgesichert waren) während des Urlaubes beide E-Bikes gestohlen wurden. Das macht schnell einen Schaden von 10.000 Euro aus.

Eine Basisdeckung für Fahrraddiebstahl hast du vermutlich durch deine Haushaltversicherung, jedoch endet dieser Schutz, sobald du dein Bike außerhalb des Versicherungsgrundstücks (z. B. auf offener Straße, beim Bahnhofparkplatz) abstellst. Auch summenmäßig gibt es diesbezüglich immer Deckelungen, die ein teures (E-)Bike mit Sicherheit übersteigt, was somit eine Deckungslücke darstellt. Produkte, die auch den geplatzten Fahrradschlauch bezahlen, würde ich in die Kategorie »nicht versicherungswürdig« einstufen, da ein Schaden in Höhe von 30 Euro wohl niemanden in existenzielle Schwierigkeiten bringt. Aufs Wesentliche konzentrieren, lautet da die Devise.

Die Anbieter von Fahrradversicherungen verlangen von ihren Kundinnen zumeist anerkannte Fahrradschlösser, damit sie hinterher bei einem Diebstahl ihre Ansprüche geltend machen können. Dies solltest du also im Vorfeld unbedingt klären, um keine bösen Überraschungen zu erleben. Für die Prämie sind der Kaufpreis des Rades sowie das gewünschte Leistungspaket entscheidend. Meist ist ein Abschluss nur in den ersten Monaten nach Kaufdatum möglich.

Unnötige Versicherungen

Kennst du Slush-Eis? Meine Kinder sind völlig verrückt danach und jedes Mal, wenn wir so einen Becher mit giftgrün oder blau gefärbtem Zuckerwasser kaufen, denke ich mir: Wie einfach es doch geht, aus nichts Geld zu machen. Wareneinsatz fast null, Verkauf pro Becher um mehrere Euros.

Auch bei Versicherungen gibt es eine Slush-Eis-Fraktion. Damit meine ich Versicherungsverträge, deren Leistung mehr als überschaubar ist bzw. die fast nie zahlen (weil immer irgendein Ausschluss greift), die aber viele Kunden aufgenötigt bekommen (da sie im Standardrepertoire von fleißigen Versicherungsvertreterinnen für jeden Kunden enthalten sind) und die in Summe gar nicht so wenig kosten. Dabei handelt es sich um unnötige Verträge, die wir bei unseren Polizzen-Checks immer als Erstes ausmisten, wenn wir Großreinigung im Versicherungsordner machen.

Du weißt mittlerweile, dass ich meine Kundinnen nicht gegen jeden Blödsinn versichere. Mir ist jedoch wichtig, dass jene Bereiche, wo es um die Existenz geht, wirklich gut versichert sind. Wenn ich diese Firlefanz-Versicherungen weglasse, schaufle ich damit Kapazitäten für die wirklich wichtigen Verträge frei und ermögliche damit oft, diese auf ein vernünftiges Level zu heben.

Die Handy-, Tablet- und Laptop-Versicherung

Diese Art von Versicherung wird oft im Einzelhandel oder online mitverkauft. Dabei sind unzählige Arten von Produkten im Umlauf. Zu beachten ist, dass es hier meist zahlreiche Ausschlüsse gibt, beispielsweise, wenn du das Handy unbeobachtet im Café oder im Club am Tisch liegen lässt. Ebenso kann das Selfie im Meer mit unfreiwilligem Tauchgang des Handys zu einer Ablehnung seitens der Versicherung führen. Hinzu kommt, dass oft nicht hundert Prozent vom Kaufpreis vergütet werden. Somit klafft eine Lücke zwischen Neuanschaffungspreis und tatsächlicher Leistung im Schadenfall.

Überlege dir, wie schwer es dich finanziell treffen würde, wenn dein Handy zu Boden fällt und kaputtgeht. Würde das ein existenzielles Risiko bedeuten? Oft lässt sich der finanzielle Schaden etwas abfedern, wenn man nach so einem Vorfall auf ein gut erhaltenes Gebrauchtgerät umsteigt.

Susis Praxistipp

Es gibt mittlerweile Plattformen, auf denen man ***refurbished*** (schon in Benutzung gewesen und generalüberholt) statt neu nahezu jede Art von Technik kaufen und so einiges sparen kann, sollte man nach einem Schaden - ob versichert oder nicht - auf den Kosten sitzen bleiben. Obendrein setzt du ein Zeichen Richtung Nachhaltigkeit.

Die Insassenunfallversicherung

Mein Blutdruck steigt jedes Mal massiv an, wenn ich bei unseren Polizzen-Checks auf Insassenunfallversicherungen stoße. Sie hätten meiner Meinung nach den Award für das unnötigste Versicherungsprodukt verdient. Wieso das so ist?

Fallbeispiel

Ich erkläre es dir anhand eines Autounfalles: Solltest du an einem Verkehrsunfall schuld sein, so ist deine eigene Haftpflichtversicherung dafür zuständig, Schadenersatzansprüche (auch bei allfälliger Dauerinvalidität) von anderen Personen abzugelten. Dabei ist es egal, ob diese bei dir im Auto gesessen haben oder im anderen Fahrzeug. Umgekehrt gilt genau das Gleiche: Wenn die Unfallgegnerin Schuld hat, ist deren Versicherung für die Abgeltung der Schadenersatzansprüche zuständig. Die Leistung einer zusätzlichen Insassenunfallversicherung ist daher in beiden Fällen unnötig.

Da ist es fast schon nebensächlich, dass die angebotenen Versicherungssummen sehr niedrig sind. Sowohl in Bezug auf Invaliditätsleistungen als auch bei Unfalltod kann man hier nicht ernsthaft von Schutz sprechen. Hinzu kommt, dass – wie es der Name schon vermuten lässt – sich der Schutz allein auf die Nutzung des Kfz beschränkt. Wenn du also aus dem Wagen aussteigst, die Türe schließt und kurz darauf stolperst, wäre das schon nicht mehr der Kategorie »Insassenunfall« zuzuordnen und würde somit aus der Deckung fallen.

Nach meinem glühenden Plädoyer für eine private Unfallversicherung (die dich und deine Familie rund um die Uhr schützt) rate ich von einer Insassenunfallversicherung ab. Auch ist bei einer klassischen Unfallversicherung der Unfallort nicht eingeschränkt, egal ob im brasilianischen Urwald, in den Straßen Barcelonas, in Gramatneusiedl oder am Spielplatz nebenan: Du genießt weltweiten Schutz. Der Insassenunfallvertrag ist hingegen meist auf das gleiche geografische Gebiet beschränkt wie deine Kfz-Versicherung. Kurzum: Du kannst dir diese Art von Versicherungsschutz getrost sparen.

Lass dir diese Zahlen auf der Zunge zergehen: In ganz Österreich wurden im Jahr 2022 lediglich 414 Schadenfälle in dieser Sparte abgewickelt. Im Vergleich dazu gab es rund 854 000 Kfz-Kaskoschäden und 469 000 Kfz-Haftpflichtschäden im gleichen Zeitraum (Quelle: Jahresbericht 2022, VVO).

Ich denke, dazu muss ich jetzt gar nicht mehr sagen. Nichtsdestotrotz ist diese Sparte nach wie vor weitverbreitet und ein offensichtlich beliebter Mitnahmeartikel, wenn man eine Autoversicherung abschließt.

Die Reisegepäckversicherung

Diese Sparte zählt ebenfalls zu jenen, die wirtschaftlich ein absoluter Volltreffer für die Versicherungshäuser sein dürften. Ihr liegen nämlich derart strenge Bestimmungen zugrunde, dass du für eine Leistung fast auf deinem Gepäck sitzen müsstest, während es die Diebe (mit dir zusammen) davontragen. Da finden sich in den Bedingungen Passagen wie »nur in verschlossenen Räumen«, »in persönlichem Gewahrsam« oder »während der Safeaufbewahrung«.

Reden wir Klartext: Die meisten Diebstähle von Gepäck erfolgen aus Autos. Diese sind aber meist nur dann vom Schutz erfasst, wenn sie auf bewachten Parkplätzen oder in Garagen passieren. Manche Anbieter leisten selbst dann nur fünfzig Prozent der Versicherungssumme. Meist sind vom Versicherungsschutz auch ausgeschlossen: Bargeld, Schlüssel, Wertgegenstände, Laptops, Geräte und Werkzeuge für die Berufsausübung etc. Für einen Leistungsanspruch sind die Vorschriften nahezu nicht einhaltbar bzw. gehen an den Schäden, die in der Realität passieren, vorbei.

Susis Praxistipp

Bei Gepäckverlust bei einem Flug haftet die Airline. Hier gibt es einen Kilopreis, der für das aufgegebene Gepäckstück ersetzt wird. Dieser kann vom tatsächlichen Wert stark abweichen, aber die meisten Gepäckstücke tauchen wieder auf. Vielleicht auf einem anderen Flughafen und einem anderen Erdteil, aber sie finden fast immer zurück zu ihren Besitzerinnen.

Die Taggeldversicherung

Es gibt sowohl in der Unfall- wie auch in der Krankenversicherung unterschiedliche Arten von Taggeldzusätzen: Spitalgeld, Genesungsgeld und Rehab-/Kur-Taggeld. Hier wird pro Tag ein fixer Satz ausgezahlt, also beispielsweise 25 Euro für jeden Tag eines Spitalaufenthaltes. Nach fünf Tagen kämen somit 125 Euro zur Auszahlung. Mir ist bis heute der Sinn dieser niedrigen Entschädigungsbeträge, für die man jahrelang Prämien einzahlt, nicht ganz klar. Die meisten Taggeldversicherungen leisten so niedrige Beträge. Für höhere Beträge sind wiederum hohe Prämien fällig. Es sei dahingestellt, ob es sich hier um ein existenzielles Risiko handelt, das es abzusichern gilt. Nebenbei bemerkt vergisst ein Großteil der Kundinnen im Fall des Falles, diese Forderungen überhaupt geltend zu machen, oder weiß gar nicht, dass er Taggeld versichert hat. Bei unseren Polizzen-Checks hinterfrage ich das regelmäßig und sehr oft ist die Antwort: »Ich hatte gar keine Ahnung, dass ich so etwas überhaupt mitversichert habe!«

Wie schon in vorigen Kapiteln erwähnt: Es gibt nur wenige Personen, für die ein Taggeld sinnvoll ist. Nämlich für all jene, die einen tatsächlichen Einkommensverlust haben, wenn sie nicht arbeiten, z. B. weil ihr Gehalt abhängig ist von Trinkgeldern oder Diäten (z. B. Friseure, Kellnerinnen, Monteure). Auch bei Selbstständigen kann eine solche Versicherung Sinn ergeben.

Die Assistance-Versicherungen

Darunter versteht man Zusatzpakete zu manchen Versicherungssparten wie Kfz, Haushalt, Unfall oder Gewerbe. Meist handelt es sich bei dieser Assistance um eine Hotline, die rund um die Uhr zur Verfügung steht, wenn es um das rasche Organisieren von Handwerkern geht oder den Abschleppdienst in die nächstgelegene Autowerkstatt. Bei manchen Assistance-Produkten sind vergünstigte Preise für Handwerkerinnen inkludiert, sollte der Schaden nicht über die dazugehörige Versicherung gedeckt sein. Zu erwähnen ist hier, dass die Leistungen im Kfz-Bereich oft anderweitig durch eine Mitgliedschaft in einem Automobilclub gedeckt sind. Auch hier ist es unsere Erfahrung, dass die wenigsten Kunden im Schadenfall an diese Hotlines denken und sie daher gar nicht in Anspruch nehmen. Manche Assistance-Zusätze sind prämienfrei und für die anderen bezahlt man meist keine allzu hohen Prämien. Trotz allem ist ein solches Paket unnötig, wenn es ohnehin nicht genutzt wird.

Das war nun der Theorieteil der Versicherungssparten. Lass uns jetzt eintauchen in die tägliche Versicherungspraxis.

Versicherungen in der Praxis

Welche Versicherungen brauchst du wann?

Stell dir vor, du bist der Kapitän eines riesigen Ozeandampfers. Das Rauschen der Wellen, der salzige Meereswind und die Aussicht auf Abenteuer liegen in der Luft. Mit an Bord sind deine Familie und einige kleine Entdeckerinnen, die neugierig die Welt erkunden. Doch mitten in all dieser Schönheit und Aufregung stellst du dir eine wichtige Frage: »Habe ich die richtigen Sicherheitsmaßnahmen getroffen, um meine Liebsten und mich zu schützen? Auch für den Fall, dass der Seegang ungemütlich werden könnte?«

Willkommen im Leben! Auch hier stellen sich die meisten – spätestens dann, wenn das erste Kind auf die Welt kommt – genau diese Fragen. Es gibt dazu keine generelle Regel, die für alle Phasen des Lebens gilt. Versicherungen sind bei der Absicherung von Familien hilfreich, aber es gibt kein allgemeingültiges Modell, das zu allen Familien passt. Wie bei der Schuhwahl sollte man auch seine Versicherungen an die jeweiligen Gegebenheiten anpassen – wenn du beispielsweise auf einen Berg steigen willst, kann die falsche Schuhauswahl (z. B. Flip-Flops) gefährlich werden, du brauchst hier einen bestimmten Schutz. So verhält es sich auch mit Versicherungen: In jeder Lebensphase sind unterschiedliche Absicherungsmodelle nötig, um immer genau den Schutz zu haben, den du gerade brauchst. Welche Versicherungen in welche Lebensphase passen, bespreche ich in diesem Kapitel. Um den Lebenskreislauf chronologisch abzuarbeiten, beginnen wir dem Versicherungsschutz für Jugendliche. Durch diese Phase werden eines Tages auch deine Kinder gehen, auch wenn bis dahin noch ein wenig Zeit ist.

Phase 1 – Beginn der Ausbildung

Am Anfang der Reise ins Erwachsenenleben steht der Beginn der Ausbildung. Dieser Abschnitt ist wie das erste Kapitel eines spannenden Buches. Man legt den Grundstein für das zukünftige Leben und die Karriere. Auch wenn man jetzt vielleicht noch keine große Verantwortung zu tragen hat, ist es nie zu früh, an seine finanzielle Sicherheit zu denken. Wer noch zu Hause bei seinen Eltern wohnt, wird vermutlich noch über deren Haushalt-/Privathaftpflicht- und Rechtsschutzversicherung mitversichert sein. Sollte der Jugendliche aber während seiner Ausbildung schon eigenes Geld verdienen, dann ist die Mitversicherung im Vorfeld abzuklären, damit man nicht erst im Schadenfall feststellt, dass die Kriterien dafür nicht mehr erfüllt sind. Eine Unfallversicherung sollte an die Ausbildung angepasst werden. Beispielsweise ist es relevant, ob man eine Lehre begonnen hat, da ein auszubildender Tischler ein anderes Unfallrisiko hat als eine Softwareprogrammiererin. Aufgrund des jungen Alters und des hoffentlich guten Gesundheitszustandes ist jetzt der perfekte Zeitpunkt, um an eine BU-Versicherung zu denken. So günstig wird es nie wieder sein!

Phase 2 – Ende der Ausbildung/Start ins Berufsleben

In dieser Lebensphase geht es darum, die ersten Schritte in der Arbeitswelt zu unternehmen. Versicherungstechnisch muss man spätestens jetzt die Themen Privathaftpflicht und

Rechtsschutz auf eigene Beine stellen, da man mit dem ersten selbst verdienten Geld laut Bedingungen aus den elterlichen Verträgen fällt. Sollte man bis dato noch keine Unfallversicherung abgeschlossen haben, ist es jetzt allerhöchste Zeit. Für die BU-Versicherung hat man nach wie vor in diesem Lebensabschnitt die besten Voraussetzungen, da man in jungen und gesunden Jahren in das System einsteigt. Das gilt ebenso für die private Krankenzusatzversicherung: Auch diese wird mit jedem Lebensjahr teurer und diverse Gesundheitsprobleme können einen Abschluss später sogar unmöglich machen. Hier gibt es auch günstige Einstiegsprodukte speziell für Jugendliche, die man zu einem späteren Zeitpunkt auf eine vollwertige Versicherung umstellt. Das junge Eintrittsalter bleibt aber auch für die spätere Kalkulation erhalten.

Phase 3 – Das Ausziehen von zu Hause

Die Zeit ist reif, das elterliche Nest zu verlassen und die eigenen Flügel auszubreiten. Jetzt kommt der Lebensabschnitt in der ersten eigenen Wohnung oder WG. In dieser Phase geht es darum, die Verantwortung für den eigenen Haushalt zu übernehmen. Dein Kind benötigt also spätestens ab jetzt eine eigene Haushaltversicherung, damit sein Hab und Gut geschützt ist und Schutz im Bereich der Haftpflicht besteht. Zudem sollte man nicht vergessen, die übrigen Verträge auf die neue Wohnadresse umschreiben zu lassen. Sollte es bereits ein eigenes Auto geben, betrifft dies auch die Kfz-Versicherung. Hier braucht es zusätzlich eine behördliche Ummeldung des Fahrzeuges. Wenn durch den Umzug auch der Bezirk gewechselt wurde, gibt es ein neues Kennzeichen. Adress- und/oder Kennzeichenwechsel müssen der Versicherung (ggfs. auch der Kfz-Rechtsschutzversicherung) mitgeteilt werden. Dies geschieht nicht automatisch über die Zulassungsbehörde!

Phase 4 – Karriere im Beruf

Im Laufe des Berufslebens erfolgt oft der Aufstieg auf der Karriereleiter. Man arbeitet hart und strebt nach beruflichem Erfolg. Hier ist es wichtig, auch an die finanzielle Sicherheit zu denken. Das Thema BU-Versicherung wird daher zu diesem Zeitpunkt unumgänglich, da junge Menschen noch nicht genug Versicherungsmonate aufweisen können, um in den Genuss einer staatlichen BU-Pension zu kommen. Auch wäre jetzt der ideale Zeitpunkt, um mit einer Vorsorge für den längsten Urlaub des Lebens – die Pension – zu beginnen. Hier kann man schon mit kleinen Beiträgen viel bewirken, wichtig ist nur, so früh wie möglich damit zu starten. Aufstocken kann man später immer noch.

Phase 5 – Zusammenleben mit Partner/Heirat

Man hat die Liebe des Lebens gefunden und entscheidet sich, zusammenzuziehen. Ab jetzt geht es darum, das Leben als Team zu gestalten und gemeinsam Entscheidungen zu treffen. In Bezug auf Versicherungsverträge geht es jetzt ans Vereinheitlichen. Bestimmte Verträge, die bislang jeder für sich hatte, kann man in einem Vertrag zusammenführen. Das betrifft die Haushalt- und Rechtsschutzversicherungen. Auch bei der Unfallversicherung kann man eine Zusammenlegung anstreben, dies bringt nämlich meist eine Prämienersparnis.

Wer schon eine Krankenversicherung besitzt, sollte diese nicht mehr ändern. Wie ich schon im Kapitel zur privaten Krankenzusatzversicherung ausgeführt habe, sind in dieser Sparte das Alter und der Gesundheitszustand bei Abschluss ausschlaggebend. Ein neuer Abschluss birgt die Gefahr, dass man weitaus höhere Prämien bezahlen muss als bisher. Sollten Partner also bei unterschiedlichen Anbietern versichert sein, ist dies nicht weiter schlimm. Wer noch keinen derartigen Schutz hat, ist jetzt gut beraten, darüber nachzudenken. Vor allem, wenn man plant, eine Familie zu gründen, ist eine private Krankenzusatzversicherung sinnvoll. Bei manchen Produkten muss man ein Baby-Paket um wenige Euro im Monat mitabschließen, damit das Kind später im Vertrag ohne Wenn und Aber mitversichert werden kann. Dieser Hinweis ist sehr wichtig. Auch bei Neugeborenen kann es nämlich gesundheitliche Themen geben. Mit diesem Zusatz wird das Baby vom ersten Tag an mitversichert, bei den meisten Anbietern sogar ohne Zuschlag (der ohne diesen Zusatztarif vollumfänglich verrechnet werden würde, wenn man das Baby erst nach der Geburt mitversichern lassen möchte).

In dieser Phase sollte man auch alle Verträge, die eine Hinterbliebenenvorsorge beinhalten (z. B. Unfallversicherungen mit integrierter Todesfallsumme, Lebensversicherungen), hinsichtlich des Bezugsrechts überprüfen. Ich erlebe in meiner täglichen Praxis nämlich oft, dass in solchen Verträgen Personen stehen bleiben, die man im Fall des Falles gar nicht (mehr) begünstigen möchte, weil schlichtweg vergessen wurde, das im Laufe der Jahre zu ändern. So kann es dazu kommen, dass im Ernstfall ein ehemaliger Freund aus Kindheitstagen einen hohen Geldbetrag erhält, während die Partnerin leer ausgeht. Das ist in den seltensten Fällen im Sinne des Versicherten. Was das gemeinsame Auto angeht, empfehle ich in dieser Lebensphase immer, dieses auf beide Partner anzumelden. So gibt es im Ernstfall keine Diskussion mit Behörde oder Versicherung, weil beide gleichermaßen berechtigt sind, das Fahrzeug zu lenken (somit auch dann, wenn einem der beiden etwas zustoßen sollte).

Phase 6 – Haus-/Wohnungskauf

Der Kauf von Wohnraum ist eine bedeutende Investition. In dieser Phase ist es wichtig, das Eigentum und sich selbst gegen unerwartete Ereignisse zu schützen. Daher gilt es, sich gegenseitig abzusichern, sollte einem der Partner etwas passieren. Zum einen verlangen das ohnedies die Banken (im Falle einer Finanzierung), aber ungeachtet dessen sollte ein entsprechender Schutzschirm für den verbleibenden Partner bestehen. Die Kosten allein zu stemmen, ist bekanntlich nicht immer leicht. Daher empfehle ich eine Ablebens- sowie BU-Versicherung für beide Partner. Nach einem Hauskauf steht eine Eigenheimversicherung am Programm. In der Bauphase wären eine Rohbau-, Bauherrenhaftpflicht- und Bauwesenversicherung zusätzlich zu empfehlen. Wer eine Wohnung kauft, ist weiterhin mit der Haushaltversicherung ausreichend geschützt (das Gebäude wird bei Mehrfamilienhäusern nämlich über die Hausgemeinschaft versichert und man zahlt im Rahmen der Betriebskosten anteilig die Versicherungsprämien mit).

Phase 7 – Das erste Kind

Diese Phase bringt viele Freuden, aber auch ein gesteigertes Maß an Verantwortung mit sich. Man möchte sicherstellen, dass die Kinder gut versorgt sind, von der Windelphase bis zum Studium. Bei manchen Versicherungen sind Kinder im Rahmen der elterlichen Verträge automatisch mitversichert (Haushalt-/Privathaftpflicht-, Rechtsschutzversicherung). Bei anderen muss man sie aktiv einschließen lassen (Unfallversicherung). Bei der Krankenversicherung solltest du die rechtzeitige Mitversicherung deines Kindes nicht verpassen, sonst verlierst du teilweise Vorteile, die Tarife für genau diese Situation vorsehen. So kann es passieren, dass die uneingeschränkte Annahme des Neugeborenen verfällt, wenn man nicht innerhalb gewisser Fristen meldet, dass man sein Kind in den Vertrag aufnehmen will. Viele Familien entscheiden sich erst jetzt dafür, eine private Krankenzusatzversicherung abzuschließen. Zumindest für die Kinder ist ein solcher Schutz empfehlenswert.

Der Versicherungsbedarf ist jetzt sozusagen am Zenit. Wenn einem Elternteil etwas zustößt, sollte die Familie keinen finanziellen Schaden erleiden. Um solche Szenarien zu verhindern, gibt es Ablebens- und BU-Versicherungen. Wenn solche Verträge schon bestehen, ist die Geburt eines Kindes oft eine Möglichkeit, die Versicherungssummen ohne weitere Gesundheitsprüfungen zu erhöhen. Wenn man dabei feststellt, dass der Ablebensschutz nicht ausreicht (Summe, Laufzeit), spricht auch nichts dagegen, einen zweiten Vertrag abzuschließen. Von der Laufzeit her sollte man so kalkulieren, dass das Kind im Ernstfall aus dem Gröbsten draußen ist und sich selbst versorgen kann (erfahrungsgemäß ab dem 20. bis 25. Lebensjahr des jüngsten Kindes). Jetzt heißt es auch: Letzter Aufruf für die Pensionsvorsorge! Nutze die Jahre, die dir für die Ansparphase bleiben, um für deinen Ruhestand vorzusorgen. Dies gilt auch für Selbstständige.

Phase 8 – Die Pension

Endlich ist es so weit, den längsten Urlaub des Lebens anzutreten und die Früchte seiner Arbeit zu genießen. In dieser Phase möchte man sicherstellen, dass man finanziell abgesichert ist und sich um nichts mehr kümmern muss. Manche Verträge kann man in diesem Abschnitt in reduzierte Versicherungspakete umwandeln, z. B. die Rechtsschutzversicherung. Ansonsten zahlt man für Leistungen, die man nicht mehr in Anspruch nehmen wird (z. B. Streitigkeiten mit dem Dienstgeber). Auch im Bereich Unfallversicherung sollte man auf ein spezielles Seniorenprodukt umsteigen. Die BU-Versicherung ist nun ausgelaufen (sie leistet ja nur bis zum Pensionsantritt). Auch andere Verträge wie die Ablebens- oder Rentenversicherung werden jetzt ablaufen. Sollte man weiterhin ein Auto haben, wäre es spätestens jetzt ratsam, dieses auf beide Partner anzumelden. Ihr erspart dem verbleibenden Partner viel Ärger, sollte euch etwas passieren.

Susis Praxistipp

Spätestens dann, wenn du von einer Phase in die nächste übertrittst, ist es an der Zeit, sich mit deiner Versicherungsmaklerin zusammenzusetzen und die Änderungen zu besprechen. Das solltest du generell alle zwei bis drei Jahre tun, so können Änderungen deiner Lebensumstände sofort risikotechnisch umgesetzt werden. Dies muss nicht immer eine Verteuerung bedeuten, es kann durchaus auch billiger werden.

Wenn Kinder erwachsen werden

Du weißt nun, welchen Schutz du in welcher Lebensphase brauchst. Besonderes Augenmerk solltest du bei der Familienabsicherung auf Teenager legen. Diese Phase ist nicht nur zu Hause spannend und herausfordernd. Ich sehe es mittlerweile wie eine täglich neue Reise in eine fremde Galaxie, bei der du die Kommunikation mit deinem Teenager so empfindest, als würdest du versuchen, eine Geheimsprache zu entschlüsseln (die von Sender oder Empfängerin nicht immer korrekt verstanden wird). Aber auch in vielen anderen Bereichen des Lebens tun sich im Teenageralter neue Welten auf, z. B. in deiner Versicherungslandschaft.

Spätestens dann nämlich, wenn dein Kind

- gewisse Altersgrenzen überschreitet,
- Ausbildungen beendet,
- ein eigenes Einkommen bezieht,
- Zivildienst/Bundesheer ableistet und/oder
- aus der elterlichen Wohnung auszieht,

gilt es, wichtige Punkte zu beachten.

Ab diesem Zeitpunkt entfällt nämlich (bei vielen Versicherungen) für Sohn und Tochter so mancher Versicherungsschutz. Und niemand warnt dich davor. Ich möchte dich daher eindringlich auf diesen wichtigen Umstand hinweisen. Denn hier seid ihr als Eltern proaktiv gefragt. Von deiner Versicherungsbetreuerin darf nicht erwartet werden, dass sie ab dem Erreichen eines bestimmten Alters deiner Kinder jährlich nachfragt, ob sich ein relevanter Umstand im Leben deines Kindes geändert hat. Nachdem die Auswirkungen in den einzelnen Sparten unterschiedlich sind, werde ich das Thema im Folgenden aus verschiedenen Perspektiven beleuchten.

Haushalt- und Privathaftpflichtversicherung

Hier handelt es sich um einen existenziellen Basisschutz, den deine Kinder ihr Leben lang haben müssen. Diese Versicherung bezahlt für Schäden, die dein Kind jemand anderem zufügt. Das reicht vom Kleinschaden – wie die zerbrochene Teekanne bei Tante Hilde – bis hin zum Fahrradunfall, bei dem eine andere Person eine lebenslange Invalidität davonträgt. Solche Extrembeispiele können Kosten in Millionenhöhe bedeuten und einen jungen Menschen ohne Versicherungsschutz verschulden, noch bevor er das erste Mal eigenes Geld verdient hat. Die Privathaftpflichtversicherung ist in Österreich übrigens immer Bestandteil der Haushaltversicherung.

Das Worst-Case-Szenario ist jenes: Haftung ja, Deckung nein. Oft stellt sich nämlich erst im Zuge eines Schadenfalles heraus, dass für Sohn oder Tochter keine Deckung aus dem elterlichen Vertrag (mehr) besteht. Bei Vorliegen eines der zuvor genannten Gründe (Alter, Ende der Ausbildung, eigenes Einkommen, nicht mehr im elterlichen Haushalt) kann dies blitzschnell passieren. Die Haftung besteht aber trotzdem und in so einem Fall müssen Schäden komplett aus der privaten Tasche gezahlt werden.

Was ist die Lösung? Lebt dein Kind noch daheim, gibt es die Möglichkeit, es um 3 bis 5 Euro pro Monat im Vertrag weiter mitzuversichern oder gleich auf ein Produkt der neuesten Tarifgenerationen zu wechseln, in dem sämtliche im gemeinsamen Haushalt befindlichen Personen mitversichert sind. Das ist aber nicht Standard, daher solltest du gezielt nach einem solchen Produkt verlangen. Zieht dein Kind in eine eigene Wohnung oder eine WG, benötigt es dort eine eigene Haushaltversicherung.

To-dos für dich:

- Prüfe gleich in deinem Haushaltvertrag, unter welchen Voraussetzungen und wie lange deine Kinder maximal noch mitversichert sind.
- Ist eine der Voraussetzungen nicht mehr gegeben – handle sofort.
- Ist der Zeitpunkt des Auszuges vorhersehbar? Dann gib deinem Versicherungsberater im Voraus Bescheid. Er kann dann alles so kalendieren, dass es einen lückenlosen Versicherungsschutz für dein erwachsenes Kind gibt.

Unfallversicherung

Diese wird bei manchen Assekuranzen automatisch auf Erwachsenentarif umgestellt, sobald ein Jugendlicher achtzehn Jahre alt wird. Hier gilt es aber ebenfalls, wachsam zu sein: Oft bleibt die Prämie nämlich gleich, aber im Hintergrund reduzieren sich anteilig die Leistungen. Auch gibt es Verträge, bei denen die Versicherte mit Erreichen des Erwachsenenalters komplett aus der Deckung fällt (!). Nicht selten stellt man erst im Falle eines Schadens fest, dass diese Änderung vonstattengegangen ist. Dann ist es aber zu spät und man kann um ein kleines Vermögen gebracht werden.

To-dos für dich:

- Verringerte Leistungen sollte man korrigieren lassen und die höhere (Erwachsenen-)Prämie in Kauf nehmen.
- Auch ist jetzt der richtige Moment, um allfällige gefährliche Hobbys, die deine Tochter oder dein Sohn ausübt, bekannt zu geben. Tauchen ist beispielsweise bei den meisten Anbietern nur gegen eine Mehrprämie mitversichert. Es gibt aber mittlerweile so viele abenteuerliche Sportarten, dass du hier besser im Einzelfall deine Betreuerin fragst, ob diese im Standardschutz erfasst sind oder ob du einen Zusatz benötigst.
- Gerade junge Menschen sind oft sehr reisefreudig. Da ist ein weltweiter Versicherungsschutz notwendig.

Rechtsschutzversicherung

Auch hier gibt es die unterschiedlichsten Voraussetzungen bezüglich der Mitversicherung von Kindern. Viele Familien realisieren erst im Schadenfall, dass es keinen Versicherungsschutz mehr gibt. Allerdings kann sich eine Deckungslücke auch hier böse auswirken, wenn man beispielsweise in ein Strafverfahren verwickelt wird (z. B. bei fahrlässiger Körperverletzung) und sich einen Anwalt nehmen muss.

To-dos für dich:

- Lies in deiner Polizze nach, wie dein Rechtsschutzversicherer die Mitversicherung von Kindern auslegt.
- Falls die Mitversicherung demnächst abläuft, solltest du rasch handeln. Die Wartefristen, die standardmäßig für manche Bereiche der Rechtsschutzversicherung gelten, musst du wegverhan-

deln. Wenn dein Kind lückenlos bis dahin bei dir mitversichert war, sollte das möglich sein. Automatisch passiert dies aber – wie so oft – nicht, du musst selbst aktiv werden.

Private Krankenzusatzversicherung

Bei der Krankenzusatzversicherung musst du nichts machen. Der Versicherer stellt Kinder mit achtzehn (einige erst mit zwanzig Jahren) automatisch auf den Erwachsenentarif um. Du merkst das direkt an der Prämienhöhe. Was zu beachten ist: Kinder zahlen beim Spitaltarif immer nur den halben Selbstbehalt. Bei Umstieg auf die Erwachsenenprämie entfällt dieser Vorteil und ein allfälliger Selbstbehalt ist ab dann voll zu bezahlen.

Conclusio

Du siehst, wenn Kinder größer werden, gilt es, versicherungstechnisch eine Menge zu beachten. Vieles kannst du deinem Sohn oder deiner Tochter schon fix vorbereitet mit auf den Weg geben. Wenn du nicht für immer die Assistentin für deine Kids sein willst, solltest du ihnen klarmachen, wie wichtig diese Dinge sind. Dann kümmern sie sich künftig hoffentlich selbst darum. Die Chance, Kinder in dieser Lebensphase im Zusammenhang mit solchen Themen zur Selbstständigkeit zu bringen, ist einmalig. Idealerweise vereinbarst du mit deinem Versicherungsberater einen gemeinsamen Termin mit deinem Kind. Das hat mehrere Vorteile:

- Die Information kommt aus erster Hand.
- Das Thema Versicherung wird nicht als so spießig und uncool aufgenommen. Wenn Eltern solche Themen ansprechen, könnte dies eher der Fall sein.
- Ihr könnt gemeinsam als Familie entscheiden, was für dein Kind das Beste ist.

Unterschätzt dabei eure Kinder nicht – meine Erfahrung ist, dass viele Jugendliche dem Thema Absicherung heutzutage weitaus offener gegenüberstehen und es als wichtiger erachten, als das früher der Fall war.

Deine Versicherungsbetreuung

Welche Versicherungsbetreuerin passt am besten zu dir?

In den letzten Kapiteln habe ich dir zu den verschiedensten Versicherungsbereichen den Input mitgegeben, der meiner Meinung nach notwendig ist, damit du als Kunde nicht ahnungslos durch Beratungsgespräche stolperst. Du kannst dir nun schon im Vorfeld Gedanken darüber machen, was überhaupt versicherbar ist, was du willst und was deine Familie benötigt. Mein Ziel ist, dass du die wesentlichen Bereiche niemals aus den Augen lässt und dich in diesen anständig versicherst, ohne jedoch in eine Überversicherung zu geraten.

Viele Menschen sehen das Kleingedruckte (also die Versicherungsbedingungen) als Mogelpackung, in der alle Paragrafen versteckt sind, die eine Versicherungsmitarbeiterin dann aus dem Ärmel zieht, wenn man eine Leistung in Anspruch nehmen will. Oft hat man leider wirklich dieses Gefühl. Hinzu kommt, dass der klassische Versicherungsvertreter oft alles andere als ein Sympathieträger ist, befindet man sich doch auf der Beliebtheitsskala in etwa gleichauf mit Kernkraftwerken oder Fußpilz. Keine gute Ausgangslage, aber ich bitte dich an dieser Stelle, all den seriösen Versicherungsberaterinnen – und davon gibt es eine ganze Menge – eine Chance zu geben.

Dazu ist es vorab wichtig, zu wissen, welche unterschiedlichen Formen von Versicherungsvertrieben es überhaupt gibt. Ich höre immer wieder Sätze wie: »Mein Versicherungsmakler von der XY-Versicherung.« Dieser Aussage liegt aber ein falsches Berufsbild von Versicherungsmaklerinnen zugrunde, da ein Versicherungsmakler nicht für eine bestimmte Versicherung arbeitet. Unabhängig davon beweist es, dass die Unterschiede, die hinter diesen Berufsbezeichnungen stecken, in der breiten Bevölkerung nicht bekannt sind und infolgedessen auch falsch verwendet werden.

Hier kommt eine knackige Zusammenfassung, in der die unterschiedlichen Formen von Versicherungsvertrieben erklärt werden.

Der Außendienstmitarbeiter einer Versicherungsanstalt

Er ist Angestellter einer Versicherungsanstalt, vertreibt damit ausschließlich Produkte seines Hauses und ist weisungsgebunden. Er vertritt somit – rechtlich gesehen – die Interessen seines Auftraggebers, also der Versicherung. Hier ist weder wirtschaftliche Unabhängigkeit noch Objektivität in der Beratung gegeben. Dadurch, dass der Außendienstmitarbeiter nur dann verdient, wenn er etwas verkauft, wird er deinen kompletten Versicherungsbedarf bei (s)einer Versicherungsgesellschaft abdecken. Das wird aber weder prämienmäßig noch hinsichtlich der Leistung das Beste für dich und deine Familie sein. Denn: Keine Versicherungsanstalt ist in allen Bereichen hinsichtlich Leistung und/oder Prämie top. Sonst gäbe es nicht so viel Konkurrenz am Markt. Hinzu kommt, dass nicht alle Versicherungen alle Sparten abdecken und man daher oft eine anderweitige Beratung benötigt.

Die Versicherungsagentin

Sie macht das Gleiche wie ein Außendienstmitarbeiter, ist jedoch selbstständig und betreibt ihr eigenes Büro, oft wird auch in Teams gearbeitet. Auch hier besteht Abhängigkeit zum Versicherungsstammhaus.

Der Mehrfachagent

Er agiert für mehrere Gesellschaften und vertritt somit deren Interessen. Mittlerweile besteht eine klare Deklarationspflicht, in welcher Sparte der Agent mit welcher Versicherungsanstalt exklusiv zusammenarbeitet. Das soll für Kundinnen Transparenz schaffen. Somit ist er allerdings an einige Produkte vertraglich gebunden und macht keine unabhängigen Marktvergleiche.

Die Versicherungsmaklerin

Ja, hier bist du richtig. Wir sind nämlich die einzigen, die unabhängig sind und sich am Markt frei bewegen können. Lass mich hier weiter ausholen und dir die fünf wichtigsten Argumente nennen, die dafürsprechen, mit einer freien Versicherungsmaklerin zusammenzuarbeiten:

1. **Die Versicherungsmaklerin steht auf deiner Seite – nicht auf der Seite der Versicherung**
   Ich nenne hier gleich zu Beginn den wohl wichtigsten Grund. Die Versicherungsmaklerin hat im Gegensatz zu allen übrigen Vertriebsformen keine wirtschaftliche Abhängigkeit von einer Versicherungsanstalt (und wenn dies so wäre, müsste sie es dir im Zuge der Beratung be-

kannt geben). Ein angestellter Außendienst- oder Bankmitarbeiter z. B. erhält von seiner Verkaufsleitung fixe Vorgaben, was Umsätze und Vertragsstückzahlen betrifft. Das heißt, wenn die XY-Versicherung im heurigen Jahr noch zu wenige Unfallversicherungen eingefahren hat, wird ab sofort jeder Mitarbeiter im Außendienst angewiesen, das zu ändern. Das bedeutet im Klartext: Jeder Kundin wird ab sofort ein derartiger Vertrag regelrecht aufgenötigt. Und genau daraus entsteht das katastrophale Image der Versicherungsbranche. Nicht, dass eine Unfallversicherung prinzipiell nichts Vernünftiges wäre. Aber es geht hier in keiner Weise um Bedarfserfüllung, sondern allein um Umsatzzahlenerreichung. Und das geht völlig am Kunden vorbei und verärgert diesen auf lange Sicht. Wegen solcher Umsatzvorgaben passieren dann jene Fälle, in denen Ansparverträge an 75-Jährige verkauft werden. Solche unlauteren Geschäftspraktiken rufen bei Bekanntwerden zu Recht Kopfschütteln in der Gesellschaft hervor. Eines wird damit jedenfalls erreicht: Der Ruf der Branche ist unterirdisch.

2. **Maklerinnen bewegen sich frei am Markt, sind unabhängig und objektiv**
   Wir Versicherungsmaklerinnen arbeiten laufend mit verschiedensten Häusern zusammen. Wir können uns also am Markt frei bewegen und sind unsere eigene Chefin. Somit müssen wir uns von keiner Versicherung unter Druck setzen lassen, weder hinsichtlich unserer Ratschläge noch bezüglich unserer Vertragsabschlüsse. Damit ist aber auch klar, dass wir die Verantwortung für unser Handeln selbst zu tragen haben. Maklerinnen prüfen daher in Eigeninteresse Versicherungsanstalten auf Herz und Nieren.
   Ich tausche mich z. B. regelmäßig mit meinen Branchen-

kollegen aus. Wenn nun eine Versicherungsanstalt vermehrt Probleme – in welcher Form auch immer – macht, wird dies bei solchen Treffen kommuniziert. Man kann dann davon ausgehen, dass die Kooperation mit dieser Versicherung vorerst auf das Allernötigste beschränkt wird. Als Versicherungsmaklerin würde ich mir selbst schaden, wenn ich Klienten weiter dorthin empfehlen würde. Denn jedes Problem, das meine Kunden haben, ist am Ende des Tages mein eigenes: einerseits, weil ich eine Lösung herbeiführen muss, und andererseits, weil mein Kunde auf mich sauer ist (ich habe ihm den Vertrag ja vermittelt).

Auch bei uns kommt es immer wieder vor, dass uns Versicherungen unter Druck setzen wollen. Erst kürzlich ist dies wieder passiert, als mir ein Entgegenkommen in einem Schadenfall von einer Versicherung avisiert wurde mit den Worten: »Aber nur unter der Voraussetzung, dass Sie Ihre Umsatzzahlen für heuer noch deutlich steigern.« So eine Vorgehensweise ist einfach unprofessionell und auf so einen Deal lasse ich mich nicht ein. Wenn so etwas vorgeschlagen wird, bewirkt das bei mir eher das Gegenteil und ich überlege mir in naher Zukunft doppelt, ob ich dem entsprechenden Unternehmen Aufträge zukommen lasse.

Ganz wichtig ist, dass du – gerade im sensiblen Versicherungsbereich – eine qualitativ hochwertige und gleichzeitig objektive Beratung bekommst. Vor allem dann, wenn du selbst nicht viel Ahnung von dem Thema hast und somit vom Rat anderer abhängig bist.

Fallbeispiel

Stell dir vor, du benötigst ein neues Auto und kennst dich im Kfz-Bereich nicht gut aus. Entweder eine fachkundige Freundin berät dich im Vorfeld oder du wendest dich an den Fachhandel. Je nachdem, zu welchem Autohändler du gehst, wirst du nun eine Auswahl verschiedener Modelle einer Marke vorfinden. Nun wird der Verkäufer alles daransetzen, dir eines der bei ihm verfügbaren Modelle zu verkaufen. Kein Wort über deren Nachteile oder vielleicht andere Fahrzeuge am Markt, die nicht bei diesem Händler erhältlich sind. Logisch. Der Verkäufer will mit dir ein Geschäft machen und er würde sich ins eigene Fleisch schneiden, wenn er dich zur Konkurrenz schicken würde.

Ganz genauso verhält es sich in der Versicherungsbranche: Bei Vermittlern, die bei einer Versicherung angestellt sind oder als Selbstständige exklusiv mit einer Versicherung zusammenarbeiten, wirst du meist keine unabhängige Beratung bekommen. Auch Banken arbeiten in der Regel exklusiv mit bestimmten Versicherungen zusammen. Von individueller Beratung oder Objektivität kann man daher hier nicht sprechen. Spezielles, weitreichendes Branchenwissen kann nur jemand an dich weitergeben, der wirtschaftlich unabhängig ist, sich am Markt frei bewegen kann und nicht im Auftrag einer Versicherungsgesellschaft agiert.

Es dürfte einleuchten, dass keine Versicherung in allen Bereichen das für dich beste Produkt anbieten kann. Ansonsten gäbe es keine Daseinsberechtigung für die übrigen rund fünfzig Versicherungsanstalten, die aktuell in Österreich tätig sind. Schlimmstenfalls kann es bei der Wahl der falschen Versicherung für dich als Kunde um die Existenz gehen. Ein Versicherungsvertrag erweist sich nämlich immer erst dann als gut oder schlecht, wenn ein Schaden passiert ist. Mein Vater hat diesbezüglich immer von der »Stunde der Wahrheit« gesprochen. Ist der Schaden aber einmal eingetreten, kann man an der Polizze nichts mehr verändern. Dein Vertrag bildet die fixe Basis für die Schadenabwicklung. Somit ist es für dich als Versicherungskunde enorm wichtig, vorab eine ordentliche Beratung und dadurch die für dich persönlich beste Versicherungslösung zu bekommen.

3. **Maklerinnen verfügen über Kompetenz, Marktkenntnis und Beständigkeit**
Das führt uns gleich zum nächsten Punkt. Eine Versicherungsmaklerin muss eine strenge Befähigungsprüfung vor einer Prüfungskommission ablegen, bevor sie den Berufstitel überhaupt führen darf. Niemand kann übers Wochenende diesen Beruf erlernen. Damit ist aber auch ein Qualitätslevel an Fachkompetenz garantiert. Es wäre natürlich vermessen, zu behaupten, dass es in unserer Branche keine schwarzen Schafe gibt. Die gibt es wohl in jedem Berufsfeld. Es liegt an dir, eine Maklerin zu suchen, bei der du dich gut aufgehoben fühlst.
Das Dilemma der großen Versicherungshäuser: Mitarbeiter bleiben meist nur kurz und werden im Schnellverfahren eingeschult. Ihnen fehlen in weiterer Folge oft das Wissen und die Erfahrung, um perfekt zu beraten. Ich selbst gewinne die meisten Neukundinnen dadurch, dass Außendienstmitarbeiter von Versicherungen meist nach wenigen Monaten oder Jahren den Job wechseln. Ähnlich wie beim Bankberater haben es aber die meisten Kundinnen satt, alle zwei bis drei Jahre ungefragt

einen neuen Ansprechpartner präsentiert zu bekommen. Viele klagen auch über das ungute Gefühl, wie ein Päckchen von einem Berater zum nächsten weitergereicht zu werden. Gerade bei Themen wie Absicherung der Familie, Vorsorge etc. schätzen viele Beständigkeit und wollen keine permanenten Änderungen. Die meisten meiner Maklerkollegen haben bereits mehrere Jahrzehnte Berufserfahrung. Unsere Branche ist beständig und die Ansprechpartnerinnen ändern sich daher nicht so oft wie anderswo.

4. **Mit einer Versicherungsmaklerin kannst du viel Geld sparen**
   Niemand ist seines eigenen Geldes Feind und es gibt sicher lustigere Möglichkeiten, seine hart verdienten Euros auszugeben, als für Versicherungsverträge, die womöglich im Ernstfall nichts bringen. Für die meisten von uns sind sie ein notwendiges Übel und zählen zu den Fixkosten, wie die monatliche Miete oder die Kreditrate an die Bank.
   Wie spart dir die Maklerin nun Geld? Die Aufgabe einer guten Versicherungsmaklerin besteht darin, für ihre Klienten das beste Leistungspaket um eine möglichst geringe Prämie abzuschließen. In meiner täglichen Arbeit stoße ich bei Neukunden immer wieder auf Doppelversicherungen. Da wurden bereits vor Jahren z. B. zwei Haushalte zusammengelegt und nach wie vor haben (und zahlen!) beide Partner eine eigene Rechtsschutzversicherung. Das fällt jedoch oft jahrelang nicht auf. Häufig besteht auch eine Überversicherung, weil ein alter Haushaltversicherungsvertrag beim Umzug in eine kleinere Wohnung nie angepasst wurde. Die zu hohe Prämie wird somit jahrelang weiterbezahlt und ist auch nicht refundierbar.

Fakt ist, dass der Markt für Laien ein Dschungel aus Produkten, Klauseln und Bedingungen geworden ist, den jede Versicherungsanstalt anders ausgestaltet. Ein professioneller Vergleich ist daher unumgänglich und bietet dir neben Leistungsverbesserungen auch ein großes Einsparungspotenzial. Versicherungen zu vergleichen, ist aber nicht immer einfach, da es nicht damit getan ist, Prämie und Versicherungssumme gegenüberzustellen. Dazu sind Expertenwissen und Marktüberblick erforderlich, beides Attribute, die ein guter Versicherungsmakler aufweist. Nur er ist nämlich gesetzlich dazu verpflichtet, dir jene Versicherung anzubieten, die am besten für dich geeignet ist und dir das beste Preis-Leistungs-Verhältnis bietet.
An dieser Stelle möchte ich dir eine kleine Überraschung verraten: Exklusiv für die Leser dieses Buches habe ich eine Liste mit den 13 effektivsten Spartipps für deine Versicherungsprämien zusammengestellt. Damit kannst du einfach und rasch deine Fixkosten reduzieren. Den Link für den Download gibt es am Ende des Buches.

5. **One for all – Deine ganzheitliche Versicherungsbetreuung**
Ich habe schon zuvor erklärt, dass es keine Versicherung gibt, die das für dich beste Produkt in allen Sparten anbietet. Somit ist klar, dass du Verträge bei unterschiedlichen Versicherungen abschließen wirst. Daraus ergibt sich aber die Herausforderung, mit mehreren Ansprechpartnern korrespondieren zu müssen, wenn du mit Agenten oder Außendienstmitarbeitern zusammenarbeitest. Das ist mühsam, vor allem, wenn sich diese Personen – wie zuvor erwähnt – ständig ändern.
Angenehmer ist es, nur *einen* Ansprechpartner anzurufen, egal worum es geht, und ein einziges Mal zu sagen, was man braucht. Und das Mitgeteilte wird gegebenenfalls gleich auf deine anderen Verträge übertragen (z. B.

bei Adresswechsel, Namensänderung, neuer Bankverbindung, Änderung der Zahlungsmodalität). Ich weiß, dass unsere Kundinnen es als einen der größten Vorteile empfinden, einen Ansprechpartner für all ihre Versicherungsangelegenheiten zu haben. Du wirst nicht bei jedem Anruf mit jemand anderem verbunden. Daher musst du nicht bei jedem Anruf alles wiederholen. Du wirst aufgrund deines Namens und nicht einer Kundennummer betreut. Man kennt dich. Es ist einfach viel persönlicher.
Eines ist außerdem noch hervorzuheben: Wenn du bei einer Versicherungsmaklerin all deine Verträge in Betreuung hast, dann kennt sie dich und deine Lebensumstände. Das bedeutet auch, dass ein kleines Detail, das du ihr erzählst, eine oder mehrere Aktionen ihrerseits auch für all deine übrigen Verträge erfordern kann.

Fallbeispiel

Kunde: »Ich fahre heuer im Sommer mit meinem Motorrad auf einer Rennstrecke in Ungarn Wettbewerbe.«
Ich muss mich um einen entsprechenden Spezialunfallversicherungsschutz kümmern (Motorradrennen sind im Rahmen von Unfallversicherungsverträgen immer ausgeschlossen).

Kundin: »Nächsten Monat heirate ich und mein Name ändert sich auf Bieler.«
Ich frage nach, ob der Bräutigam bestehende Versicherungsverträge hat, die mit jenen der zukünftigen Frau Bieler zusammengeführt werden sollen. Sämtliche Bestandsverträge müssen auf Bieler umgeschrieben werden. Ich gebe der Kundin den Hinweis, dass die Namensänderung im Kfz-Zulassungsschein eingetra-

gen wird und dass übrige Dokumente (Meldezettel & Co.) geändert werden müssen. Eine eventuell bestehende Krankenversicherung sollte um den Baustein Baby-Option erweitert werden. Ja, man muss als Versicherungsmaklerin sehr weit denken!

Kunde: »Wir verkaufen unser Auto und nehmen vorerst kein neues.«
Ich muss neben der Stornierung des Kfz-Haftpflichtvertrages auch den Baustein Kfz-Bereich aus der Familienrechtsschutzversicherung streichen.

Kundin: »Am Wochenende bekommen wir einen Hund!«
Ich werde mich um eine Hundehaftpflichtversicherung kümmern. Eventuell werde ich die bestehende Haushaltversicherung auf ein Produkt ändern, das eine solche kostenlos integriert hat, sollte dies nicht schon der Fall sein.

All das sind Handlungen, die ich als Maklerin nur setzen kann, wenn ein Kunde alle Verträge bei mir laufen hat. Genau dann profitiert auch der Kunde am meisten von dieser Geschäftsbeziehung. Er kann darauf vertrauen, ganzheitlich betreut zu sein.

Ebenso ist es im Schadenfall ein klarer Vorteil, mit nur einer Ansprechpartnerin zu korrespondieren. Stell dir vor, wegen einer kurzen Unachtsamkeit verursachst du mit dem Fahrrad beim Überqueren eines Schutzweges einen Unfall. Du selbst bist leicht verletzt, eine ältere Dame ist dadurch zu Sturz gekommen und ebenfalls leicht verletzt. Du erhältst eine Anzeige wegen fahrlässiger Körperverletzung. In dem Fall spielen gleich drei Versicherungen eine Rolle: deine Unfall-, Privathaftpflicht- und Rechtsschutzversicherung. Glaubst du, es ist angenehm, diesen Vorfall auf drei Kanälen zu kommunizieren und um deinen Versicherungsschutz zu kämpfen? Wohl eher nicht.

Für Maklerinnen ist es Tagesgeschäft, solche Schäden aufzunehmen und zu melden. Wir bleiben immer bis zum Schluss dran und urgieren die Erledigungen. Bei manchen Schadenreferenten sind wir lästig wie Fliegen, um durchzusetzen, was dem Kunden zusteht. Unser Ziel ist es nämlich nicht, Sympathiewerte bei Versicherungsangestellten zu sammeln, sondern vielmehr die Schäden unserer Kunden möglichst rasch und erfolgreich durchzusetzen.

Weiters gehört zu unseren wesentlichen Aufgaben die Kalendierung von wichtigen Terminen oder Fristen. Das können Verjährungen von Schadenansprüchen oder Kündigungstermine sein. Für Kunden – so höre ich es jedenfalls sehr oft – ist es sehr beruhigend, jemanden zu haben, der lästige Telefonate, Termine und den Papierkram erledigt. Sie entspannt die Tatsache, alles an Expertinnen ausgelagert zu haben, die täglich mit solchen Dingen konfrontiert sind und daher genau wissen, was zu tun ist. Häufig fühlt man sich als einzelner Kunde einem großen Versicherungskonzern schnell ausgeliefert.

Versicherungsmaklerinnen sind zudem wichtige Vertrauenspersonen für ihre Kunden, ähnlich einem Steuerberater oder einer Anwältin. Ich bin bei meinen Kunden laufend in deren Leben eingebunden – egal, ob sie heiraten, schwanger werden, ein Kind adoptieren, sich scheiden lassen, die Kinder ausziehen, jemand erkrankt, verstirbt oder sie sich einen Hund zulegen. All das sind Ereignisse, über die ich informiert werde und bei denen ich bei Bedarf den bestehenden Versicherungsschutz anpasse. Es gibt auch Vorkommnisse, die außerhalb der Versicherungswelt liegen, über die meine Kunden aber trotzdem gerne mit mir sprechen. Das können verschiedene Dinge sein, vom Ärger mit der Hausverwaltung bis hin zum schmerzlichen Verlust eines Kindes.

In siebzig Jahren Firmengeschichte haben wir bereits viel Trauriges, aber auch sehr viel Lustiges mit unseren Kunden erlebt.

Ähnlich einem Arzt unterliegen auch wir Versicherungsmaklerinnen der Schweigepflicht. Das führt bei meinem Mann regelmäßig zu Kopfschütteln, wenn er von seinen Freunden über einen Unfall informiert wird und sich dann herausstellt, dass ich davon schon eine Woche früher wusste, weil sie eine Versicherungsmeldung gemacht haben. Diskretion ist sozusagen mein/unser zweiter Vorname. Das gilt für Freunde ebenso wie für alle übrigen Kundinnen.

So findest du deine perfekte Versicherungsbetreuung

Du weißt jetzt Bescheid, welche Arten von Versicherungsbetreuung dir zur Auswahl stehen. Vielleicht bist du mit deinem derzeitigen Versicherungsservice zufrieden und strebst gar keinen Wechsel an. Dann kannst du dieses Kapitel getrost überspringen. Solltest du jedoch hinsichtlich deiner Betreuung Verbesserungspotenzial sehen, dann bist du auf den nächsten Seiten genau richtig. Ich werde dir ein paar Tipps an die Hand geben, wie du den für dich und deine Familie perfekten Versicherungsbetreuer findest. Es gibt hier zwar kein Pauschalrezept, aber doch etliche Aspekte, die du berücksichtigen solltest.

Zufriedene Freunde, Bekannte oder Arbeitskolleginnen fragen

Mundpropaganda ist die einfachste Art, jemand Passenden zu finden. Dazu fragst du am besten Freunde, Bekannte, Arbeitskolleginnen etc. nach ihren Erfahrungen auf dem Gebiet. Hier solltest du dich an jene Personen halten, die dir ähnlich sind und die gleiche Erwartungshaltung an einen Kundenservice haben. Wenn diese Personen sich auch in einer ähnlichen Lebensphase befinden wie du (z. B. Kinder haben, die noch zu Hause leben), bist du auf dem besten Weg, bald ebenso zufrieden wie sie mit deiner Versicherungsbegleitung zu sein. Eventuell benötigst du einen Spezialmakler, z. B. für bestimmte Berufsgruppen (Ärztinnen, Rechtsanwälte, Physiotherapeutinnen, Musiker etc.). Dann kannst du dich auch bei Berufskolleginnen oder auf Fachveranstaltungen gezielt erkundigen. Was meiner Erfahrung nach nicht so sinnvoll ist: in Facebook-Gruppen oder dergleichen nach Unterstützung zu fragen. Hier sind meist sehr unterschiedliche Personen zusammengewürfelt, oft kennt man die Tippgeber auch gar nicht oder zu wenig. Somit ist es sehr schwierig, im Vorfeld einzuschätzen, ob deine Ansprüche von der empfohlenen Person am Ende des Tages erfüllt werden können.

Soziale Medien

Mittlerweile sollte man auch diese Möglichkeit nicht mehr außer Acht lassen. Wenn ein Versicherungsmakler auf Social Media aktiv ist und wertvollen Content produziert, eventuell sogar Erklärvideos online stellt oder einen YouTube-Kanal hat, dann gibt dir das schon im Vorfeld die Möglichkeit, für dich abzuwägen, ob hier die Chemie stimmen könnte und in weiterer Folge eine Zusammenarbeit denkbar wäre. Wenn sich dir hingegen schon beim Anblick einer Person die Haare aufstellen, kann sie wahrscheinlich noch so kompetent und überzeugend reden, die Chancen für eine vertrauensvolle Zusammenarbeit sind enden wollend. Wir sind Menschen und für eine Versicherungsbegleitung auf Vertrauensbasis zählen neben der fachlichen Kompetenz am meisten die Sympathiewerte.

In gewisser Hinsicht kann man die Suche nach einer Versicherungsbetreuerin mit einer Partnersuche vergleichen: Je mehr Matching-Points übereinstimmen, desto höher ist die Wahrscheinlichkeit, dass es mit dir und der neuen Versicherungsberaterin klappt. Ich sage gerne, dass die meisten meiner Kollegen genau die Kunden haben, die zu ihnen passen. Umgekehrt ist es auch so, ich ziehe durch meine Art, aufzutreten und zu sprechen, genau die Kundinnen an, mit denen es mir auch Spaß macht, zusammenzuarbeiten.

Auch ich als Versicherungsmaklerin habe die Möglichkeit, bei Neukunden eine Zusammenarbeit abzulehnen. Ich habe das in der Vergangenheit auch bereits getan. Dasselbe gilt bei langjährigen Kundinnen, wenn die Art der Kommunikation einfach nicht mehr passt. Dies kann beispielsweise der Fall sein, wenn mir und meinem Team bzw. unserer Arbeit mangelnde Wertschätzung entgegengebracht wird und wir Kunden nicht optimal betreuen können, weil uns bestimmte Informationen nie fristgerecht übermittelt werden.

Onlineportale & Bewertungsseiten

Du findest mittlerweile von vielen Kollegen bereits Onlinebewertungen. Auch über diese kann man sich im Vorfeld schlaumachen, sich einlesen und so ein Bild von dem Unternehmen bekommen.

Beachte hier folgende Punkte:

- Anzahl der Bewertungen: Ergeben sie ein ganzheitliches Bild? Nur ein oder zwei großartige Rezensionen sind nicht aussagekräftig. Hier gilt: Je mehr, desto besser.
- Extrembewertungen (sehr hoch oder sehr niedrig): Diese sind meist mit Vorsicht zu genießen. Lies die Bewertungen durch und schau, ob es dafür konkrete Gründe gibt.
- Aktualität: Wie alt sind die Bewertungen? Sind alle schon mehrere Jahre alt? Das ist möglicherweise ein Zeichen dafür, dass der Betreuer nicht mehr so aktiv oder relevant ist.
- Trolle & Fake-Bewertungen: Wenn es sehr auffällig formulierte Bewertungen gibt (extrem positiv oder negativ), ohne konkrete Gründe zu nennen, könnten diese von Trollen oder gar der Konkurrenz stammen. Ich habe selbst derartige Bewertungen auf Google, ohne dass die Bewertenden jemals mit meinem Unternehmen in Kontakt waren. Sie beeinflussen damit leider deinen Bewertungsschnitt ins Negative, ohne dass du etwas dagegen tun kannst.
- Antworten des Versicherungsmaklers: Wenn die Unternehmerin auf Bewertungen antwortet, ist das ein gutes Zeichen für ihren Kundenservice und ihre Wertschätzung Kunden gegenüber.

Höre auf dein Bauchgefühl

Vermutlich ist das mein wichtigster Tipp an dich. Denn was hilft es dir, wenn dein Arbeitskollege mit seinem Versicherungsmakler wunderbar zurechtkommt, du diesen aalglatten Typen mit Pomadenfrisur aber schon vom ersten Treffen an unsympathisch findest? Egal wie man es dreht, Versicherungen haben sehr viel mit Vertrauen zu tun. Daher solltest du bei der Auswahl deines Wunschbetreuers auf dein Bauchgefühl achten. Vergiss nicht, dass meine Berufskolleginnen und ich von unseren Kunden oft viele Details erfragen müssen. Das kann in den privaten oder gesundheitlichen Bereich gehen und ist notwendig, um eine seriöse Risikoeinschätzung vorzunehmen.

Beim Ausfüllen eines Antrages für Personenversicherung können Krankheiten thematisiert werden, deren Details du im Formular vermerken musst. Es gibt zwar mittlerweile die Möglichkeit, solche Abfragen direkt mit der jeweiligen Versicherung zu machen, aber die meisten Kunden bevorzugen – zumindest ist das bei meinem Kundenstock so – hier immer noch die Eins-zu-eins-Beratung mit mir. Hier können sehr intime Sachverhalte zur Sprache kommen. Wenn du dir das mit der potenziellen Versicherungsbetreuung nicht vorstellen kannst oder dabei ein ungutes Gefühl hast, solltest du deine Suche fortsetzen. Ich weiß manchmal berufsbedingt mehr als so mancher Ehepartner meiner Kundinnen. Dieses Vertrauen muss man sich allerdings erst erarbeiten. Und damit sich die Kundenbeziehung in diese Richtung entwickeln kann, braucht es gegenseitige Offenheit und Ehrlichkeit.

Erstgespräch vereinbaren

Wenn du schließlich einen Kandidaten im Auge hast, dann vereinbare am besten ein unverbindliches Erstgespräch. Hier kannst du all deine Fragen loswerden und deinen ganz persönlichen Bauchgefühl-Check machen. Solche Gespräche dauern in der Regel nicht lang. Ich selbst biete diese in einem Zeitfenster von fünfzehn bis zwanzig Minuten an, wahlweise telefonisch oder als Onlinemeeting. Danach haben beide Seiten einen ersten Eindruck voneinander gewonnen und können sich für- oder gegeneinander entscheiden. Ich habe damit sehr gute Erfahrungen gemacht. Du bist danach immer noch unschlüssig? Dann führe noch ein oder zwei andere Gespräche und triff erst danach deine Entscheidung.

Im Idealfall wirst du mit deiner Versicherungsberaterin eine lange Zeit der Zusammenarbeit vor dir haben. Da lohnt es sich, vorab etwas mehr Zeit zu investieren. Und damit du bestens vorbereitet in dieses Erstgespräch gehen kannst, habe ich ein paar Fragen zusammengestellt, die du deinem potenziellen Versicherungsbetreuer stellen solltest.

Diese fünf Fragen solltest du deinem Versicherungsbetreuer stellen

Du hast dich entschieden, endlich für klare Verhältnisse in deinem Versicherungsordner zu sorgen? Hoch die Tassen! Aber bevor du den ersten Berater anheuerst, der dir seine Hochglanzvisitenkarte überreicht und eine schicke PowerPoint-Präsentation zeigt, heißt es: Augen auf und Ohren gespitzt. Vergleiche die Suche nach deiner künftigen Vertrauensperson in Sachen Versicherungen mit einem ersten Date, zugegeben, mit weniger Schmetterlingen und mehr Klauseln. Aber die Situation ist sehr ähnlich.

Auch diesbezüglich habe ich dir meine Erfahrungen zusammengefasst und präsentiere dir im Folgenden einen Fragenkatalog, der mehr über dein Vis-à-vis verrät als jedes Tinder-Profil. So gibt es ein paar Punkte, die du bei deinem Versicherungsbetreuer unbedingt ansprechen solltest, egal, ob ihr schon jahrelang zusammenarbeitet oder du gerade ein erstes Kennenlerngespräch vereinbart hast. Aus diesen Punkten bestimmt sich nämlich die Qualität deiner künftigen Beratung und deiner persönlichen Versicherungslandschaft.

Es kann passieren, dass du auf deine Fragen keine klaren Antworten bekommst oder dein Gegenüber versucht, sich vor der Beantwortung zu drücken. Das sollte für dich ein deutliches Warnsignal sein. Hinter diesen Fragen steckt nämlich keine böse Absicht, sondern sie sollen dir als Kundin Klarheit verschaffen. Viele Berater werden dir die entsprechenden Informationen auch ohne Nachfrage geben. Mit den nachfolgenden Fragen kannst du die Spreu vom Weizen trennen und deinen Versicherungsberater auseinandernehmen wie ein IKEA-Regal – bestenfalls fehlen aber zum Schluss keine Teile.

1. Berätst du unabhängig oder arbeitest du nur mit einer Versicherung zusammen?

Die Frage zielt auf die Beschäftigungsform des Versicherungsberaters ab. Es macht für dich als Kundin nämlich einen riesengroßen Unterschied, ob du einem angestellten Außendienstmitarbeiter (auch Vertreter, Bezirksinspektorin etc. genannt) oder einer freien Versicherungsmaklerin dein Vertrauen schenkst. Da ein Außendienstmitarbeiter stets ein Erfüllungsgehilfe seines Versicherungsunternehmens ist, kann er dir auch nur die Produkte seines Brötchengebers anbieten. Diese passen aber nicht immer zu deinem Bedarf. Auch kann dir nie eine Versicherung in allen Bereichen das Beste anbieten. Hingegen agiert eine Versicherungsmaklerin für ihre Kunden ähnlich wie eine Anwältin, nur eben im Bereich der Versicherungen. Natürlich sind wir Makler keine Juristen. Jedoch vertreten wir – von Gesetzes wegen – immer die Interessen von dir, unserem Kunden, weil wir nicht an Versicherungen beteiligt sind oder in deren Pflicht stehen. So können wir uns frei am Markt bewegen und das für dich beste Produkt auswählen. Maklerinnen müssen auch keine Produkte schönreden, sondern können auf Basis von Leistungsmerkmalen, Preis und Kundenwünschen das persönliche Best-of jedes Kunden zusammentragen und Empfehlungen aussprechen.

Merk dir eines: Objektivität ist wesentlich! Beachte diesen Hinweis, bevor du dich für einen Versicherungsmakler entscheidest, denn es gibt immer wieder Kolleginnen, die bei der Auswahl ihres Produktangebotes eindimensional unterwegs sind. Daher ist dies eine entscheidende Frage: Ist dein Berater mit einer Versicherung verheiratet oder als freier Single am Markt? Was für dich vorteilhafter ist, liegt wohl auf der Hand.

Stell dir vor, du brauchst neue Laufschuhe. Gehst du lieber in ein Sportgeschäft, das alle Marken führt und von den Modellen her alles von günstig bis High End anbietet? Wo eine fachlich geschulte Verkäuferin erst einmal deinen Bedarf und deine läuferischen Gewohnheiten sowie dein Können erfragt? Schließlich ist es ein Unterschied, ob du Laufschuhe für einen Marathon benötigst oder einfach nur bequeme Sneaker, um beim täglichen Gassigehen mit deinem Hund zu joggen. Legt dir die Verkäuferin die Vor- und Nachteile der einzelnen Schuhmodelle klar dar? Und gibt sie dir einen ehrlichen Tipp, für welches Paar sie sich entscheiden würde und bei welchen Modellen sie bisher die wenigsten Reklamationen abzuwickeln hatte? Oder würdest du lieber in einen Shop gehen, der nur drei Paar Schuhe von einer einzigen Marke vertreibt? Zu einem Verkäufer, der keine Ahnung von den übrigen Modellen am Markt hat? Der dir nicht sagen kann, ob ein anderes Modell da draußen möglicherweise die bessere Wahl für dich wäre, da er dir unbedingt etwas aus seinem (kleinen) Sortiment verkaufen will? Auch wenn die drei Modelle in seiner Auslage alle nicht so recht für deinen Einsatz passen? Also – für wen entscheidest du dich? Doch wohl eher für die größere Auswahl.

2. Unterstützt du mich auch im Schadenfall?

Das Gefühl, einer großen Versicherungsgesellschaft im Falle eines Schadens ausgeliefert zu sein, ist für die meisten Kunden nicht so prickelnd. Stell dir z. B. vor, eine Schadenreferentin lehnt deinen Schaden kategorisch ab und weigert sich, auf deine Argumentation einzugehen. Da ist die Hilfe einer Expertin gefragt. Daher ist der Support im Schadenfall ein wichtiger Punkt, den es zu hinterfragen gilt.

Nicht alle Versicherungsmakler bieten eine Schadenabwicklung für ihre Kundinnen an. Manche machen dies nur entgeltlich. Du brauchst jedenfalls einen Ansprechpartner, der im Notfall sofort erreichbar ist und sich für dich einsetzt. Und damit meine ich nicht die 24-Stunden-Hotline der Versicherung. Diese nimmt nur dein Anliegen auf und leitet es bestenfalls weiter, mehr passiert dort aber nicht. Viele Versicherungsvertreterinnen leiten Schadenmeldungen bzw. Briefe von ihren Kunden lediglich ans Stammhaus weiter. That's it. Oft wird nicht einmal der Inhalt gelesen, geschweige denn auf Erledigung gedrängt, wenn es zu längeren Wartezeiten kommt. Das ist keine Betreuung. Solche Betreuer haben dieselbe Funktion wie ein Briefkasten.

Eine gute Versicherungsbetreuerin ist im Schadenfall proaktiv für dich tätig. Sollte es Probleme geben, unterstützt sie dich gegenüber der Versicherung. Sie sucht z. B. OGH-Urteile aus der Vergangenheit, um ihre Argumentation und damit deine Position zu untermauern. Eventuell hat sie Beziehungen zu Fachexperten aus unterschiedlichen Bereichen. Sollte der Ernstfall eintreten und es zu einer gerichtlichen Auseinandersetzung mit der Versicherungsgesellschaft kommen, wird sie auch deinen Anwalt mit sämtlichen relevanten Informationen versorgen und den Fall so aufbereiten, dass der Jurist direkt für dich tätig werden kann.

3. Kannst du alle Aspekte meiner aktuellen Lebenssituation berücksichtigen?

Nicht in allen Bereichen des Lebens ist ein 08/15-Produkt das Richtige. Dies gilt auch für Versicherungen. Der heutige Markt ist so unüberschaubar, dass es für einen Laien nahezu unmöglich ist, hier den Überblick zu bewahren. Ein guter Versicherungsbetreuer bespricht mit dir im Vorfeld, welchen Versicherungsbedarf und welche -wünsche du hast. Dank seiner Erfahrung kann er dir wertvolle Tipps dazu geben, welche Produkte in deiner aktuellen Lebensphase sinnvoll sind und welche derzeit vernachlässigt werden können.

Hinzu kommt, dass bei der Auswahl einer passenden Versicherung nicht nur die Hard Facts (Prämie, bestimmte Leistungen usw.), sondern auch die Soft Facts (Verhalten im Schadenfall, Vertragssanierungen nach Schadenfällen, Service allgemein usw.) eine wesentliche Rolle spielen. So ist es für Kunden eben nicht egal, bei welcher Versicherung sie sind. Auch hier trennt sich die Spreu vom Weizen. Und während die eine Assekuranz im Bereich Kfz-Versicherung gerade prämienmäßig top ist, sind die gleichen Herrschaften bei der Abwicklung einer Haushaltversicherung möglicherweise eine Katastrophe. Um alles noch undurchschaubarer zu machen, wechselt dieser Zustand alle paar Monate. Wer im Jänner im Spitzenfeld war, kann Mitte des Jahres zu den Schlusslichtern der Branche zählen. Der Versicherungsmarkt ist hinsichtlich der Produkte sehr schnelllebig. Dies ist auch ein Grund, weshalb Aussagen wie »Die XY-Versicherung ist super, da habe ich mein Auto versichert« mit Vorsicht zu genießen sind. Oft haben solche Kunden noch keinen Schaden bei der genannten Versicherung erlebt. Erst danach kann man jedoch über die wahre Qualität einer Versicherung urteilen. Aber auch das sollte nicht in Pauschalurteilen (ob positiv oder negativ) münden.

Ein weiteres Beispiel für Soft Facts, die dir nur eine unabhängige Expertin aufzeigen kann, sind z. B. Umstände, die du als Außenstehender gar nicht erfährst. Wenn sich eine Versicherung gerade durch eine komplizierte IT-Umstellung quält und EDV-technisch alles auf dem Kopf steht, ist das für dich interessant zu erfahren. Glaube mir, in dieser Phase willst du dort kein Neukunde werden. Erfahrungsgemäß dauert es Monate, bis nach einer solchen Umstellung wieder alles halbwegs funktioniert. Bis dahin lähmt dieser Umstand alles. Will man auf seine Erledigungen entsprechend lange warten? Ist man gewillt, allfällige Fehler, die durch diese Umstellung passieren können, in Kauf zu nehmen? Auch gibt es bei Wechseln auf der Vorstandsebene oft neue, richtungsweisende Entscheidungen, wonach bestimmte Geschäftsfelder forciert und andere unattraktiv gemacht werden sollen. Das schlägt sich meist in der Prämie nieder. Auch diese Punkte gehören zum Gesamtpaket der Auswahlkriterien, welche Versicherung am besten für dich passt. Diese kann dir aber nur eine echte Marktkennerin sagen, die tagtäglich mit verschiedenen Versicherungsanstalten zu tun hat.

4. Wie viel Branchenerfahrung hast du?

Gerade in der Versicherungsbranche macht es einen Unterschied, ob man mehrere Jahre Arbeitserfahrung hat und die Tücken des Geschäftes kennt wie die eigene Westentasche oder ob man erst kürzlich sein Büro eröffnet hat. Jeder Fehler kann am Ende des Tages zu deinen Lasten gehen und daher solltest du dich stets nach Erfahrungen und Referenzen erkundigen. Man will auch nicht unbedingt vom blutjungen Turnusarzt operiert werden, der den Eingriff, der bei dir notwendig ist, noch nie allein gemacht hat. Eine erfahrene, honorige Professorin vermittelt einem da mehr Vertrauen. Dies soll aber nicht heißen, dass alle jungen Versicherungsbetreuerinnen schlechte Leistungen erbringen. Wichtig ist im Endeffekt, ob sie sich mit ihrer Materie auskennen. Meist kann man das im Zuge eines Erstgespräches feststellen.

Oft kommt man auch mit jenen Betreuern am besten zurecht, die in etwa im gleichen Alter sind wie man selbst. Da redet es sich erfahrungsgemäß viel lockerer. Bei dieser Gelegenheit solltest du auch auf die Sprache deiner künftigen Betreuerin achten. Spricht sie in verständlicher Sprache oder wirft sie mit Fachvokabeln um sich? Lässt sie dich zu Wort kommen und ganz wichtig: Hört sie dir zu? Kommt sie schnell zum Punkt oder schweifen während des Gesprächs deine Gedanken ständig ab, weil sie plappert wie eine Teleshopping-Moderatorin auf doppeltem Espresso? Eine diesbezügliche Vorauswahl kannst du wahrscheinlich schon treffen, wenn du dir im Vorfeld den Social-Media-Auftritt oder die Webseite der potenziellen Betreuung näher ansiehst. Leider gibt es bei vielen Kolleginnen bezüglich neuer Medien noch Luft nach oben, über manche findest du nicht mehr als einen Onepager (wenn überhaupt). Aber oft reicht ein einziges Telefonat, um sich eine grundlegende Meinung zu einer Person zu bilden.

5. Last, but not least: Was kostet mich dein Service?

Es gibt verschiedenste Arten von Versicherungsbetreuungen: Solche, die nichts kosten, und andere, die eine jährliche Servicegebühr an ihre Kundinnen verrechnen. Es gibt hier kein Richtig oder Falsch. Entscheidend ist immer, dass man derartige Vereinbarungen vor einer Zusammenarbeit bespricht und Klartext redet. Es dürfen hinterher keine bösen Überraschungen auftreten. Versicherungsmakler können in ihrer Funktion als Berater in Versicherungsangelegenheiten auch ein Honorar mit dir vereinbaren. In solchen Fällen treten sie nicht als Vermittler von Versicherungsverträgen auf, sondern in rein beratender Funktion. Aus Erfahrung kann ich dir sagen, dass für alles, wovon wir hier sprechen, Vertrauen die Basis ist. Diesbezüglich muss dein Gefühl passen. Dann klappt es auch mit der Versicherungsberaterin.

Faule Verkaufstricks der Versicherungsbranche

Es gibt sowohl aufseiten der Versicherungen als auch der Vermittler Tricks, um das Beste aus der Kundenbeziehung herauszuholen. Nachdem hier aber unterschiedliche Beweggründe dahinterstehen, erkläre ich diese separat. Auf welche Schachzüge du also wann und warum achten solltest, erfährst du in diesem Kapitel.

Die Tricks der Versicherungsgesellschaften

Zunächst betrachten wir die Zusendung von Zahlscheinangeboten. Das betrifft meist niedrigpreisige Produkte, z. B. ein Angebot über eine Kfz-Rechtsschutzversicherung, die gemeinsam mit der Prämienvorschreibung zur Kfz-Versicherung ins Kuvert gepackt wurde. Viele achten nicht auf das Wort Angebot, zahlen ein und – schwupp – haben sie einen weiteren Versicherungsvertrag abgeschlossen. Das ist übrigens oft die Geburtsstunde einer Doppelversicherung (wenn es diesen Versicherungsschutz anderweitig schon für dich gibt).

Manche Versicherungsgesellschaften sind dafür bekannt, dass sie Kundinnen direkt kontaktieren und so (häufig nicht ganz uneigennützig) versuchen, den Versicherungsmakler zu umgehen. Wenn eine Kundin beispielsweise im Zuge eines Schadenfalles direkt vom Versicherer kontaktiert wird, schrillen bei uns im Büro die Alarmglocken. Als Makler sind prinzipiell immer wir die erste Ansprechstelle, auch für die Versicherung. Wenn sich alle an diese einfache Regel halten würden, wäre es möglich, Kundinnen vor den ungefilterten und oft auch falschen Aussagen von Schadenabteilungen zu bewahren. Oft lassen sich Kundinnen im Direktkontakt mit einem Sachverständigen oder Schadenbearbeiter zu unüberlegten Aussagen verleiten, die die weitere Schadenabwicklung verkomplizieren oder eine Ablehnung zur Folge haben. Als Makler haben wir hier eine ähnlich schützende Funktion für unsere Kundinnen wie ein Anwalt für seinen Mandanten vor Gericht. Wenn du also einen Versicherungsmakler hast, ist es ratsam, direkte Kontaktaufnahmen seitens der Versicherungen abzublocken bzw. immer mit dem Makler abzusprechen.

Ebenso ist es beliebt, die Kundinnen dazu zu bringen, sich auf Portalen der Versicherungshäuser zu registrieren und der elektronischen Zustellung von Nachrichten in ein persönliches Postfach zuzustimmen. Was viele Kundinnen jedoch nicht wissen, ist, dass diese Nachrichten dann automatisch als zugestellt gelten. Oft wird aber das Kundenkonto nach der Erstregistrierung gar nicht mehr oder erste Monate später wieder aufgerufen. Das kann unangenehme Folgen für die Betroffenen haben, wenn zwischenzeitlich eine wichtige Nachricht der Versicherung digital zugestellt wurde. Entweder rufst du daher dein Portal regelmäßig ab oder verweigerst diese Registrierung.

Es gibt – speziell am Kfz-Versicherungsmarkt – Anbieter, die mit Billigstprämien ihre Produkte offerieren. Wehe dem, der bei so einem Anbieter seinen Vertrag abgeschlossen hat oder über eine derartige Haftpflichtversicherung seine Schadenersatzforderungen durchsetzen will. Da lohnt es sich oft, gleich eine Anwältin mit an Bord zu holen, will man nicht monatelang ungehört bleiben. Als Geschädigter solltest du dich daher nicht ewig vertrösten lassen, sondern lästig sein, Klartext reden und zur Not einen Brief von deiner Anwältin schreiben lassen.

Auch sogenannte Kombiversicherungen sind beliebte Methoden, Produkte an den Mann oder die Frau zu bringen. Diese sind allerdings oft für den Kunden ungünstiger, wenn leistungsschwache Produkte im Bündel verkauft werden. Das spätere Hinzufügen einer neuen Sparte in solche Verträge kann weiters dazu führen, dass jede einzelne Sparte nur zu einem separaten Termin gekündigt werden kann. Dies erschwert es dem Kunden, den Vertrag zu einem späteren Zeitpunkt komplett zu kündigen. So bindet eine Gesellschaft ihre Kunden (aus deren Sicht unfreiwillig) an sich.

Ein echter Pain-Point ist für viele Versicherungskundinnen, dass sie wie ein Päckchen weitergereicht werden, wenn der bisherige Betreuer ein angestellter Außendienstmitarbeiter oder Agent war und dieser das Unternehmen verlässt oder in Pension geht. So wird der Bestand für die Versicherungsgesellschaft gewahrt, viele Kundinnen wissen wegen der häufigen Fluktuation aber oft nicht mehr, von wem sie nun betreut werden und an wen sie sich bei Fragen oder Problemen wenden sollen. Du bist nicht verpflichtet, ein Päckchen zu sein, und kannst so eine für dich unzufriedenstellende Situation dazu nutzen, um einen Betreuerwechsel zu verlangen oder dir eine Versicherungsmaklerin zu suchen.

Die Tricks der Versicherungsvermittler

Egal auf welcher Basis ein Versicherungsvermittler arbeitet (Außendienst, Agentin, Makler), er muss dir offenlegen und klar deklarieren, welche Art von Vermittler er ist. Wenn er diesbezüglich die Karten nicht auf den Tisch legt, ist das ein Zeichen von unseriöser Arbeit. Leider erleben wir immer wieder, dass sich Agenten als Makler bezeichnen oder Außendienstmitarbeiterinnen maklerähnlich auftreten. Hier hilft nur, klar zu hinterfragen, welchen Status dein Betreuer hat.

Verwirrender Fachjargon ist ebenfalls ein No-Go: Manche Vermittler meinen, je mehr Fachvokabular sie verwenden, desto kompetenter erscheinen sie für ihre Umwelt. Bei Kundinnen wird damit indirekt der Eindruck erweckt, dass sie auf die Expertise des Verkäufers angewiesen sind.

Auch der Verkauf von unnötigen Zusatzleistungen ist ein beliebter Trick. Es gibt in nahezu allen Sparten Leistungsbausteine, die man hinzukaufen kann. In manchen Versicherungshäusern gehört es offenbar zum Standard, bestimmte Zusätze in das Versicherungsprodukt aufzunehmen. Das geht am individuellen Bedarf der Kundin häufig vorbei und dient einzig und allein dazu, die Prämie in die Höhe zu treiben und in weiterer Folge mehr an dieser Kundin zu verdienen.

Eine ebenso unsympathische – mancherorts aber immer noch praktizierte – Methode ist die automatische Zusendung einer neuen Vertragsfassung (eines bestehenden Vertrages) mit neuer, aufs Maximum verlängerter Laufzeit, allerdings ohne Zustimmung bzw. Unterschrift des Kunden. Wir stoßen immer wieder auf derartige Verträge, die von übereifrigen Außendienstmitarbeiterinnen irgendwann einmal abgeschlossen wurden und den Kunden Jahr für Jahr in Form einer neuen Polizze zugesandt werden. Durch diese

Taktik verbleibt der Kunde in einer Art Endlosschleife, da er jedes Jahr aufs Neue mit maximaler Laufzeit startet. Das ist jedoch nicht rechtens und wenn uns solche Verträge zum Polizzen-Check übermittelt werden, verlangen wir stets den unterfertigten Antrag zum zuletzt ausgestellten Vertrag, in dem der Kunde wissentlich diese neue Vertragslaufzeit in Kauf genommen hätte. Wenn diese Unterschrift nicht vorliegt, gilt die Kündigungsmöglichkeit auf Basis des zuletzt unterschriebenen Antrags.

Wer beim Abschluss eines Versicherungsvertrages aufs Tempo drückt, hat was zu verbergen. Das ist zumindest meine Erfahrung. Wenn ich von meinem Versicherungsprodukt überzeugt bin, kann es keinen Unterschied machen, ob sich meine Kundin nun ein paar Tage früher oder später entscheidet. Wenn ich als Vermittlerin weiß, dass sich in einer Woche die Prämien aufgrund einer vorab angekündigten Tarifänderung drastisch erhöhen werden, dann ist es legitim, dies der Kundin mitzuteilen. Trotzdem ist es immer noch ihre Entscheidung, sich weiter Zeit zu lassen und am Ende des Tages die höheren Fixkosten zu akzeptieren.

Auch die Methode des sogenannten Sargdeckelklapperns funktioniert anscheinend immer noch bei vielen Menschen. Gerade Versicherungen bieten ein weites Feld, mit Angstmacherei einen Kunden zu einer Unterschrift zu drängen. Eine gute Vermittlerin sollte zwar auf Gefahren und Risiken aufmerksam machen, aber ein Geschäft nicht auf Basis von Angst des Kunden abschließen.

Zu guter Letzt möchte ich den oft strapazierten Geheimtipp nennen – auch eine Methode, die sich so hartnäckig hält wie Sekundenkleber. Gerade bei Veranlagungsprodukten kommt dieser Schmäh immer noch zum Zuge und soll dem Kunden einen Hauch von Exklusivität vermitteln. Wenn man die Sache ein bisschen weiterdenkt: Wieso sollte der Vermittler gerade dir seinen Geheimtipp verraten, wenn er damit doch selbst steinreich werden könnte? In solchen Fällen solltest du das Weite suchen.

Eine gute Versicherungsvermittlerin muss auf keinen der hier genannten Tricks zurückgreifen, sondern besticht durch Vertrauenswürdigkeit, verständliche Kommunikation und ein hohes Maß an Verantwortungsbewusstsein.

Versicherung auf einen Klick – Das Internet als Versicherungsberater?

Hast du schon einmal einen IKEA-Schrank zusammengebaut, wolltest dabei keine Zeit verschwenden und hast dir das Lesen der Aufbauanleitung gespart? Dann kommt der Tag, an dem das Teil das erste Mal beladen werden soll. Plötzlich merkst du, dass die Einlegeböden wackeln und die Tür nicht richtig schließt. Vielleicht wäre es doch schlauer gewesen, die Bedienungsanleitung zu lesen. Ähnlich kann es dir mit Versicherungen aus dem Internet gehen. Sie sehen einfach aus, versprechen Schnelligkeit und Komfort. Drei Klicks und du bist versichert. Aber wenn der Ernstfall eintritt, merkst du, dass es doch auf die Details ankommt und du jetzt lieber eine Expertin an deiner Seite hättest, als in dieser Situation auf dich allein gestellt zu sein.

Vergleichsplattformen gibt es heutzutage viele, mittlerweile auch im Versicherungsbereich – wo lauern jedoch diesbezügliche Tücken und was solltest du wissen, bevor du einen Vertrag auf diese Weise abschließt? Es geht so einfach: Du loggst dich auf einer Vergleichsplattform ein, wählst das gewünschte Produkt und erhältst eine Auflistung der Anbieter und Kosten. Dann weißt du in etwa, wie viel eine Kfz-Haftpflichtversicherung, eine Vollkasko- oder eine Haushaltsversicherung kostet und mit welchem Anbieter man scheinbar am günstigsten fährt. Ein Knopfdruck und schon wird abgebucht! Was man allerdings oft nicht weiß: wichtige Vertragsdetails und wie man aus solch einem Versicherungsvertrag wieder aussteigt.

Fakt ist, dass heute immer mehr Kunden vor dem Abschluss einer Versicherung einen Onlineprämiencheck vornehmen. Dagegen ist nichts einzuwenden. Damit verschafft man sich zumindest einen Überblick über die Größenordnung der Kosten, die auf einen zukommen (vorausgesetzt, es wurden alle Parameter korrekt eingegeben).

Welche Arten von Plattformen gibt es?

Ich unterscheide zwischen zwei Arten von Plattformen. Einerseits gibt es die Onlineplattformen der Versicherungsanstalten selbst. Wenn du auf den jeweiligen Anbieterseiten surfst, kannst du dort oft auch Berechnungen durchführen. Hier hast du jedoch die gleichen Nachteile wie beim Außendienstmitarbeiter oder Agenten einer Versicherung: keinerlei Vergleichsmöglichkeiten, nur die Produkte dieses einen Hauses. Damit kannst du auch nicht abschätzen, ob du nicht woanders ein gleichwertiges Produkt besser und günstiger bekommen würdest.

Oft kannst du hier auch Nischenprodukte wie beispielsweise die Musikinstrumente- oder Drohnenversicherung finden. Einfaches Produkt, kaum Erklärungsbedarf, Fixprämien. Dafür ist ein Onlineabschluss durchaus sinnvoll und meistens gibt es auch nicht viele Alternativanbieter und die Prämien sind gering. Bei nahezu allen anderen Produkten solltest du allerdings eine ordentliche Beratung vorziehen.

Fallbeispiel

Sonst geht es dir wie einem Kunden, der online für sich und seine Freunde eine Reiseversicherung abgeschlossen hat. Nachdem er sich in Frankreich einen komplizierten Bruch zugezogen und einen Privatarzt konsultiert hatte, stellte sich hinterher heraus, dass er aus Versehen beim Onlineabschluss den entscheidenden Klick bei seinem eigenen Namen vergessen hatte. Somit waren alle Reisenden versichert, er selbst aber leider nicht. Damit blieb er auf Kosten von mehreren Hundert Euro sitzen. Das wäre dem Versicherungsmakler wohl nicht passiert.

Die zweite Art sind die Vergleichsplattformen, die es mittlerweile in großer Zahl online gibt und die mehrere Anbieter gegenüberstellen. Eine komplette Marktübersicht suchst du allerdings auch hier meist vergebens. Fakt ist nämlich, dass viele große Versicherungshäuser seit Jahren bewusst darauf verzichten, auf derartigen Plattformen vertreten zu sein. Das hat oft damit zu tun, dass sie einen angestellten Außendienst haben und eine Vergleichsplattform Konditionen transparent machen würde, die die Versicherungshäuser nicht offengelegt haben wollen. Oft haben Vermittler aufgrund ihres Geschäftsaufkommens unterschiedliche Rabatt-Pouvoirs und damit wäre Unruhe in der hauseigenen Verkaufsabteilung vorprogrammiert. Dieser Diskussion möchten sich viele Versicherer nicht aussetzen und verzichten aus diesem Grund gänzlich auf eine Listung. Somit fehlen dir aber wesentliche Anbieter in der Übersicht. Es kann also sein, dass das für dich beste Produkt im dargestellten Vergleich gar nicht gelistet ist.

Welchen Vorteil hast du durch einen Onlineabschluss?
Ganz klar: In kürzester Zeit und nach Eingabe einiger Daten weißt du deine Prämie. Wem das ausreicht und wer sich künftig um alles selbst kümmern möchte, also auch im Schadenfall, der ist mit einem Onlinevertragsabschluss gut beraten. Achte jedoch darauf, dass du vor dem finalen Klick alle Unterlagen (Bedingungen, Klauseln etc.) gelesen hast, und bewahre dir diese zur Sicherheit auf. Der Teufel steckt im Detail! Es gibt gefühlt tausend Dinge, die man vor einem Vertragsabschluss wissen sollte. Das fängt beim Onlinefragebogen ganz harmlos mit Fragen zur Deckungssumme an: Weißt du Bescheid, welche Beträge sinnvoll sind? Wo man im Schadenfall gravierend unterversichert ist oder übers vernünftige Ziel hinausschießt? Welche Konsequenzen das für dich haben kann? Wie lauten Haftungsausschlüsse? Wie hoch ist der Selbstbehalt? Was solltest du unbedingt bedenken und berücksichtigen? Und wer hilft dir bei der Abwicklung von Schadenansprüchen? Wie verhält sich der eine oder andere Versicherer im Schadenfall? Welche Extras kannst du kostenlos inkludieren, welche kostenpflichtigen Zusatzklauseln ausschließen?

Über Soft Facts habe ich schon gesprochen, aber darüber wird dir keine Plattform der Welt etwas verraten. Hier geht es nämlich um Erfahrungswerte mit Versicherungen, die man im Laufe von Jahren oder Jahrzehnten sammelt. Diese Informationen kann dir kein Vergleichsrechner geben, da dann auch negative Erfahrungen öffentlich aufscheinen müssten. Das würden die Plattformbetreiber aus juristischer Sicht nicht lange überleben und auch keine Genehmigung vom vermeintlich schlechten Versicherer mehr bekommen, dessen Prämien zu veröffentlichen. Im persönlichen Gespräch ist es mir aber sehr wohl möglich, meine jahrzehntelangen Erfahrungen mit Anbietern – ob gut oder schlecht – weiterzugeben und damit zur Entscheidung für die eine oder andere Versicherung beizutragen.

Auch Sonderlösungen findest du online vergebens. Sobald ein Produkt zu kompliziert wird, ist es nicht mehr möglich, es online zu erklären und ohne eine persönliche Beratung auszukommen. Mir fällt da spontan die private Krankenzusatzversicherung als Beispiel ein. Es wäre Wahnsinn, solch einen Vertrag online abzuschließen. Ein Vertrag, der auf eine lebenslange Laufzeit ausgelegt ist, sollte gründlich durchdacht werden. Keine Kundin kann bei der Fülle an Krankenversicherungstarifen den Durchblick haben, ohne sich ausführlich beraten zu lassen.

Außerdem ist es ein Trugschluss, zu glauben, dass Vergleichsplattformen immer günstiger sind als z. B. ein Versicherungsmakler. Wir kennen viele Fälle, in denen wir unseren Kundinnen aufgrund unserer gut ausverhandelten Konditionen günstigere und bessere Angebote machen konnten, als der Onlinevergleich davor ergeben hatte – manchmal sogar beim gleichen Anbieter wie im Onlineportal.

Wie tricky die Vergleiche sein können, möchte ich dir anhand eines Beispiels erläutern:

Fallbeispiel

Ein Kunde überreichte mir ein Angebot einer Onlineplattform, das prämienmäßig weit unter jenem von uns lag. Bei genauem Vergleich stellte sich jedoch heraus, dass das Angebot im Internet nur den Basic-Tarif der Versicherung darstellte und wesentliche Bausteine, wie den Einschluss der groben Fahrlässigkeit, nicht beinhaltete. Unser Angebot hingegen war die Premiumvariante und inkludierte alle für den Kunden wichtigen und von ihm gewünschten Punkte. Er hätte dies allerdings allein kaum durchblickt und war dankbar, dass wir ihn darüber aufklärten. Er entschied sich danach bewusst für die Premiumdeckung.

Zusammenfassend lässt sich also sagen: Onlineplattformen sind gut geeignet, wenn du einen schnellen Prämienüberblick über eine bestimmte Versicherungssparte wünschst. Wenn du eine persönliche Ansprechpartnerin und individuelle Beratung bevorzugst, dann empfehle ich dir hingegen einen Termin mit einer Versicherungsmaklerin, die dir die Vor- und Nachteile der einzelnen Produkte genau erklären kann.

Zu guter Letzt sei erwähnt, dass die Entscheidung für oder gegen ein Versicherungsprodukt nicht nur auf dem Preis basieren sollte. Die Kunst ist es, das ideale Verhältnis zwischen Preis und Leistungen zu finden. Hier kann dir ein Versicherungsmakler mit seinem jahrelangen Erfahrungsschatz sicher besser weiterhelfen als eine reine Prämienübersicht. Ich gehe sogar noch einen Schritt weiter und sage, dass dieses Selbstbedienungskaufverhalten zu dem üblen Ruf der Versicherungsbranche beiträgt. Von Onlinekunden wird tendenziell das günstigste Angebot gewählt. Ist der Schaden dann passiert, stellt sich – wenig verwunderlich – heraus, dass mit dem reinen Basisschutz, den man abgeschlossen hat, auch nur die Basics abgedeckt sind, nicht aber der Schaden, den man gerade erlitten hat. Das Ergebnis sind unzufriedene, im Schadenfall auf sich allein gestellte Kunden und das Image: »Versicherungen zahlen eh nie!«

Auch ich habe meine Lektion hinsichtlich IKEA gelernt und baue nie (mehr) etwas ohne Aufbauanleitung zusammen. Gerade die kleinen Schrauben können nämlich einen sehr großen Unterschied machen.

Wie geht's weiter? – Allein oder begleitet?

Ich habe dir in den vorangegangenen Kapiteln alle Fakten zusammengetragen, die du kennen musst, um eine Entscheidung für deine künftige Versicherungsbetreuung zu treffen. Solltest du noch immer unschlüssig sein, ob du künftig deine Versicherungsthemen allein oder mit Hilfe in Angriff nehmen sollst, gebe ich dir noch ein paar Gedanken mit auf den Weg.

Stell dir vor, du stehst im Supermarkt vor einem endlosen Regal voller Versicherungsprodukte. Jeder Vertrag sieht aus wie ein Buch mit tausend Seiten. Welches wählst du? Das mit den hübschesten Farben? Mit der coolsten Aufmachung? Oder das mit dem ansprechendsten Slogan? Sprechen wir Klartext: Ohne Fachmann gleicht die Auswahl des richtigen Produkts einem Lotteriespiel. Im wahren Leben ist es bei wichtigen Entscheidungen ähnlich. Daher kann ich dir nur dringend anraten, auch bei Versicherungsthemen immer eine Expertin zu fragen. Viele Menschen unterzeichnen heute irgendwelche Verträge (auch im Internet), ohne sie zu verstehen. Im Endeffekt will aber niemand etwas übersehen und dadurch Nachteile erfahren. Umso mehr wundert es mich, weshalb viele gerade in der komplexen Versicherungswelt glauben, alles allein bewältigen zu können.

Ich fasse dir hier nochmals die wichtigsten Punkte zusammen, die für einen unabhängigen Versicherungsmakler sprechen:

- Expertenwissen: Eine Versicherungsmaklerin ist wie Google Maps, nur für Versicherungen. Wir kennen den Weg durch den Dschungel aus Polizzen, Klauseln und Bedingungen und helfen, die besten Optionen für dich und deine Familie zu finden.
- Zeitersparnis: Hast du wirklich Lust, mit fünf unterschiedlichen Versicherungsanstalten zu korrespondieren, um ein Versicherungsangebot zu bekommen? Stell dir vor, du könntest die Zeit, die du mit dem Vergleichen der Versicherungsbedingungen verbringst, für lustigere Dinge nutzen. Mit einem Makler ist das möglich! Er konfrontiert dich nur mit den versicherungstechnischen Dingen, die für dich relevant sind. Alles Unnötige, die Loser-Angebote und mühsamen Korrespondenzen, gehen an dir vorbei. In dein Wohnhaus holst du bei einem Wasserschaden auch nicht drei verschiedene Installateure zur Reparatur, sondern den einen, der die Leitungen schon kennt, oder?
- Individuelle Beratung: Eine Versicherungsmaklerin erstellt für dich maßgeschneiderte Lösungen, die genau zu dir und deinen speziellen Bedürfnissen passen – also keine »One-size-fits-all«-Verträge.
- Verständliche Erklärungen: Du wirst nicht mit verwirrendem Versicherungsjargon zugemüllt, sondern die Bedingungen werden dir klar und verständlich erklärt.
- Schutz vor Über- oder Unterabsicherung: Dein Versicherungsmakler kümmert sich darum, dass du weder zu viel noch zu wenig Versicherungsschutz hast. Vergleiche es mit einem erfahrenen Profikoch, der die Gewürze in deinem Lieblingsgericht nicht zu scharf und nicht zu mild, sondern genau richtig dosiert.
- Superdeals: Versicherungsmaklerinnen können aufgrund ihres Geschäftsaufkommens für ihre Kunden andere Tarife und Rabatte ausverhandeln, als dies einem Einzelkunden möglich ist.
- Notfallhilfe: Wenn dich ein Versicherungsfall trifft, hast du mit einem Versicherungsmakler einen zuverlässigen Verbündeten an deiner Seite, der dich unterstützt und berät.

→ Anti-Stress-Methode: Die DIY-Versicherungsmethode ist mitunter weitaus stressiger, als man im Vorfeld erwarten würde. Sind alle Lücken in deinem Schutz gedeckt? Die Beantwortung dieser Frage gehört in Expertenhände, nicht in jene von Amateuren. Hier stehen die Existenzen von Menschen auf dem Spiel. Wenn ein Fiasko passiert ist, gibt es keine Möglichkeit mehr, den Versicherungs-Reset-Knopf zu drücken.

Wie du deinen perfekten Betreuer findest, kannst du im vorherigen Abschnitt nachlesen. Da draußen gibt es viele vertrauensvolle und engagierte Kollegen, die für ihre Kundinnen alles geben und an die du dich wenden kannst. Und wenn der erste Kontakt nicht zufriedenstellend ist, dann klappt es vielleicht beim nächsten. Selbstverständlich kannst du dich auch gerne an mich wenden. Mein Team und ich sind dein Versicherungs-GPS und machen deine Versicherungsreise gerne zu einem unkomplizierten Spaziergang. Meine Kontaktdaten findest du am Ende des Buches.

Schlusswort

Dieses Buchprojekt hat mich die letzten Monate begleitet. Der finale Entschluss entstand in Zürich, als ich kurz vor Weihnachten eine Freundin besuchte. Die Schreibphase dauerte ziemlich genau zwölf Monate und mein Laptop war in dieser Zeit immer dabei: Im Skiurlaub schrieb ich mit Blick auf die schneebedeckten Pisten zur Sparte Unfallversicherung. Ein paar Monate später saß ich auf den Seychellen abends in völliger Dunkelheit auf der Terrasse unseres Bungalows, direkt angrenzend an einen Urwald, und brütete über den unterschiedlichen Typen von Versicherungsbetreuungen. Obwohl ich wusste, dass es dort keine wilden Tiere gibt, hatte ich aufgrund der Geräuschkulisse mehr als einmal die Befürchtung, gleich kommt ein Äffchen auf einer Liane vorbeigeschwungen und reißt das Notebook an sich. Im gleichen Sommer ging der Schreibprozess in den Salzburger Bergen weiter. Die Höhenluft und der Fernblick waren ein perfekter Inspirationskick.

Ich war während dieser Zeit bei Gesprächen oft physisch anwesend, gedanklich aber in irgendein Kapitel verstrickt. Meine Familie und sämtliche Freunde mussten mich somit in den letzten Monaten bei einigen Aktivitäten entbehren. Die Liste jener Dinge, die ich zu tun versprochen habe, wenn das Buchprojekt beendet ist, gilt es, jetzt abzuarbeiten. Von Eislaufengehen über Pflegepferdstreicheln bis hin zum Kellerentrümpeln – die kommenden Wochen werden nicht langweilig!

Versicherungen sind seit 1996 mein Berufsalltag. Ich kann mich noch gut erinnern, dass ich am Anfang in dieser von Männern dominierten Branche von diesen belächelt wurde. Man hat mich nicht ernst genommen. Gerade in den ersten Jahren habe ich zudem viele Entscheidungen von Versicherungen nicht verstanden und mich darüber geärgert, bis ich erkannt habe, dass ich meine Einstellung zu dieser Branche ändern muss. Mittlerweile habe ich mit nahezu allen

Versicherungsgesellschaften eine sehr gute Gesprächsbasis, auch wenn ich mit den Mitarbeitern dort nicht immer einer Meinung bin. So kann man jedoch auf Augenhöhe miteinander diskutieren. Fast immer finden wir eine Lösung, mit der alle gut leben können.

Wie meist im Leben gilt es auch im Umgang mit Versicherungen, den goldenen Mittelweg zu finden. Es ist nämlich nicht so, dass Versicherungsmitarbeiterinnen von Grund auf böse sind und immer nur einen Weg suchen, sich im Schadenfall aus der Affäre zu ziehen. Umgekehrt gibt es auch Versicherungskunden, die Sachverhalte bewusst falsch darstellen oder wichtige Informationen vor der Versicherung verheimlichen, um sich eine Leistung zu ergaunern. Angesichts dieser Tatsache ist das Misstrauen eines Schadenbearbeiters vielleicht besser zu verstehen. Der ehrliche Kunde fühlt sich aber – verständlicherweise – unfair behandelt, wenn er in einen Topf mit Versicherungsbetrügern geworfen wird. Es gilt somit, beide Seiten ernst zu nehmen.

Ich hoffe, ich konnte dir beim Lesen ein paar Aha-Momente bescheren und dir Klarheit und Sicherheit geben. Denn am Ende des Tages geht es darum, dass du weißt, was du versichert hast, wo deine Versicherungslücken sind und wie du eine Expertin findest, die deine Versicherungswünsche für dich umsetzt. Egal wie du das Thema Versicherungen anpacken willst, das Wichtigste ist, es nicht aufzuschieben. Du weißt ja: Das Leben kann dir immer dazwischenfunken.

Deine Susanne

Exklusiver Bonus

Mein Bonus exklusiv für dich: **die ultimativen Spartipps**, um deine Versicherungsprämien langfristig zu reduzieren.

Hier zum Download:

bloch-versicherungen.at/buch-bonus

Mein Kontakt: s.kondziolka-bloch@bloch-versicherungen.at

Social Media:

Facebook: facebook.com/sicher.mit.susanne
Instagram: instagram.com/bloch_versicherungsmakler
LinkedIn: linkedin.com/in/susanne-kondziolka-bloch-184200158
Youtube: youtube.com/@blochversicherungsmakler3894

Danksagung

Mein Dank gilt in erster Linie meiner wunderbaren Familie. Meinem Mann, der mir mit seiner Geduld und seinem Verständnis den Raum gegeben hat, dieses Buch zu schreiben, und meinen beiden Kindern, die mir immer wieder gezeigt haben, worauf es im Leben wirklich ankommt. Ihr seid mein Anker und meine Inspiration.

Ebenso möchte ich meinen Freunden danken, die in den letzten eineinhalb Jahren oft zurückstecken mussten. Ihr habt mich trotzdem unterstützt und mir den Rücken gestärkt – dafür bin ich euch unendlich dankbar.

Ein großes Dankeschön geht auch an mein fantastisches Büroteam, das mir den Rücken freigehalten und im Büro die Fahnen hochgehalten hat, während ich an diesem Buch gearbeitet habe. Ohne euch wäre das nicht möglich gewesen.

Schließlich denke ich an meine Eltern, die leider nicht mehr unter uns sind. Ihr habt mir alles mitgegeben, was ich heute bin. Dieses Buch ist auch eurer Vermächtnis.

Von Herzen danke ich euch allen.

Notizen

Notizen

Notizen

Notizen

Notizen

Notizen

Notizen

Notizen